Buchstabenheft 2
Schulausgangsschrift

Erarbeitet von

Miriam Jacobs

Insa Scheller

Caroline Tautz

in Zusammenarbeit mit der
Westermann-Grundschulredaktion

Unter Beratung von

Dominique Bielau

Christiane Kalenbach

Nadine Pistor

Bettina Sievert

Prof. Dr. Anja Wildemann

Illustriert von

Anke am Berg und Antje Hagemann

Flex und Flora
Deutsch

1

Inhaltsverzeichnis

B4

𝒩 𝓃

1

Nanu!

2

N/n motorisch erfassen

1

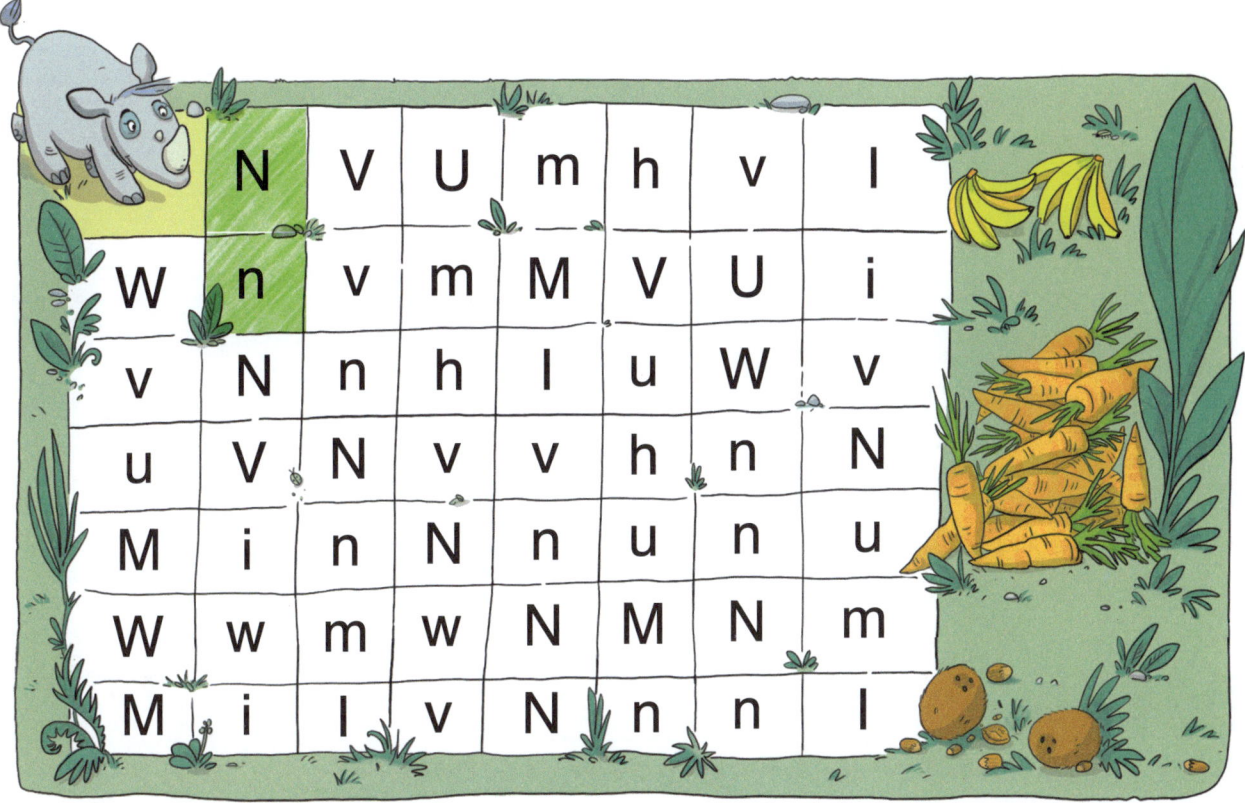

N	N	V	U	m	h	v	l
W	n	v	m	M	V	U	i
v	N	n	h	l	u	W	v
u	V	N	v	v	h	n	N
M	i	n	N	n	u	n	u
W	w	m	w	N	M	N	m
M	i	l	v	N	n	n	l

2

Neun Enten rennen nach Norden.
Nur Ente Nonni nicht – nanu!

3

N/n visuell diskriminieren und schreiben

2 ⌐⌐ Sätze lesen   Fö 84

N n

1

Nase

Insel

nun

in

2

3

NORDEN

Wörter mit N/n schreiben
Freies Schreiben

Fö 78

1

In jeder Silbe ist ein Leuchter.

Alle Leuchter sind oben in der Schreibtabelle.

2

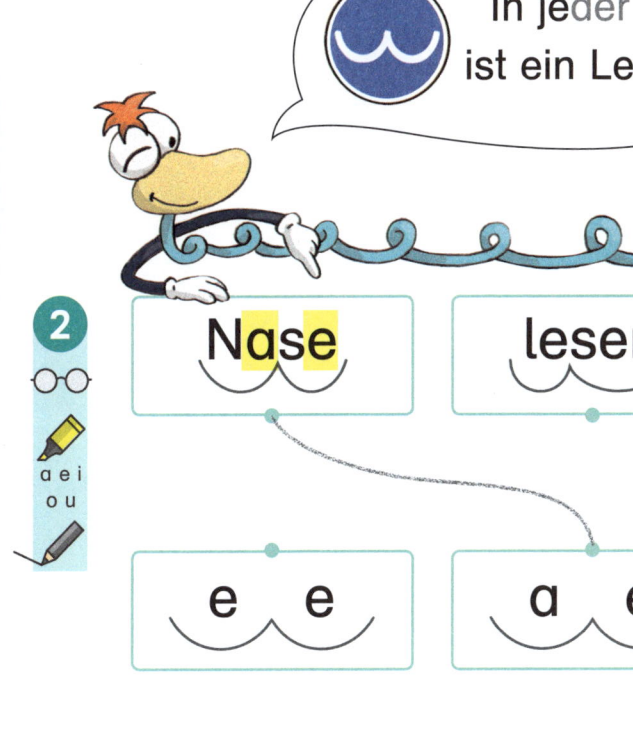

Nase   lesen   nun

e e   a e   u

3

a a e   e o e   i o   o e

1

| Sonne | Felsen | Insel | Nuss |

2

| 1.  | 2. | 3. | 4. |

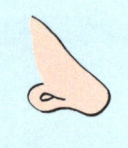 | *Nase* | 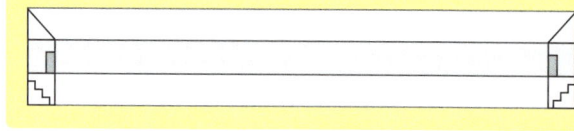 *Nase*

 | *Melone* |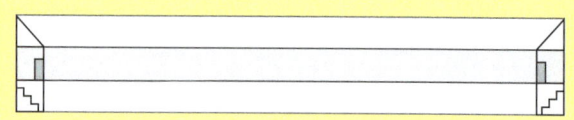

 | *Unfall* |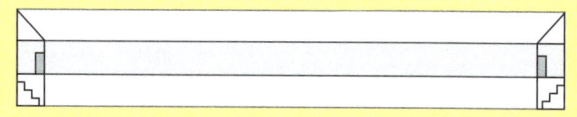

 | *malen* |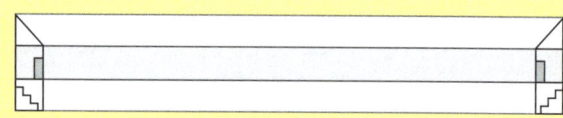

| *lesen* |

1

Male 2 lila Nasen.

Male Oma im Sessel.

Male 2 Felsen.

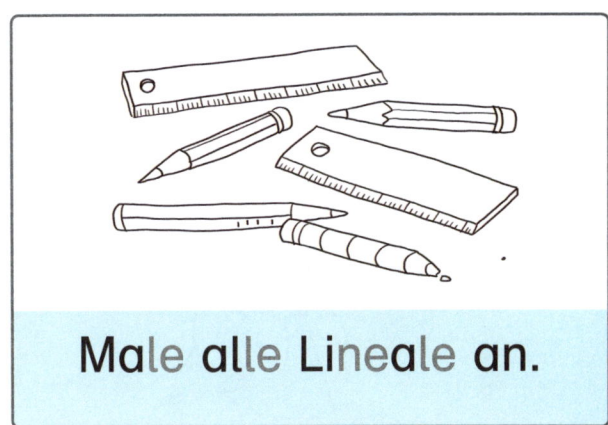

Male alle Lineale an.

2

☐ Alle malen.

☐ Affen malen.

☐ Nina soll Ananas essen.

☐ Nina soll Ananas messen.

☐ Nils soll Nasen lesen.

☐ Nils soll Namen lesen.

W w

Datum: _____

1

2

Was?

W/w motorisch erfassen

1

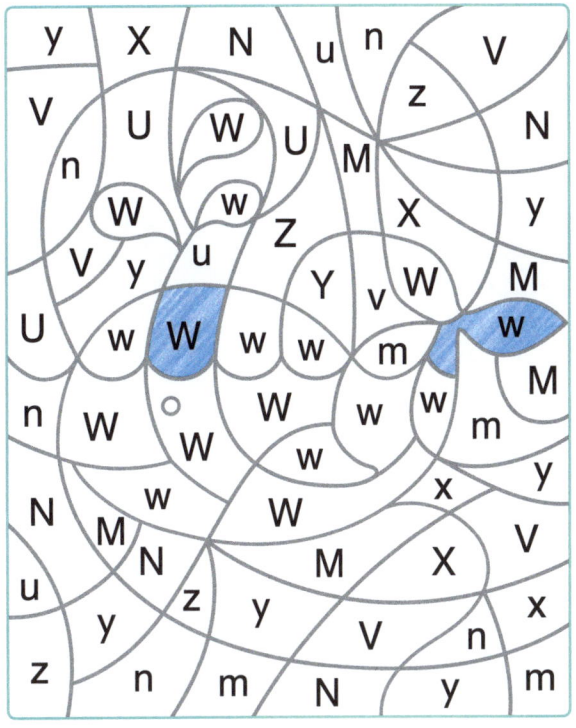

2

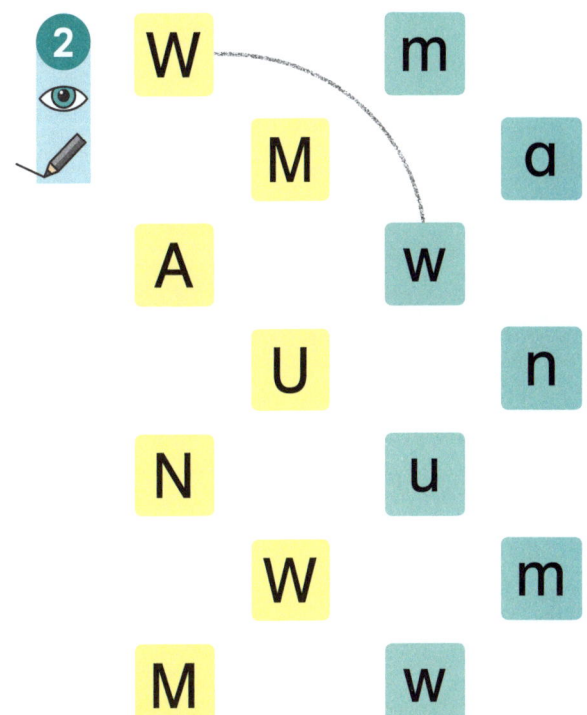

3 Willi will warme Walnusswaffeln essen.
Wilma will lieber warme Würstchen.

4

W w

1

Wal

Wolf

wollen

was

2

3

Wörter mit W/w schreiben
Freies Schreiben

Fö 79

1

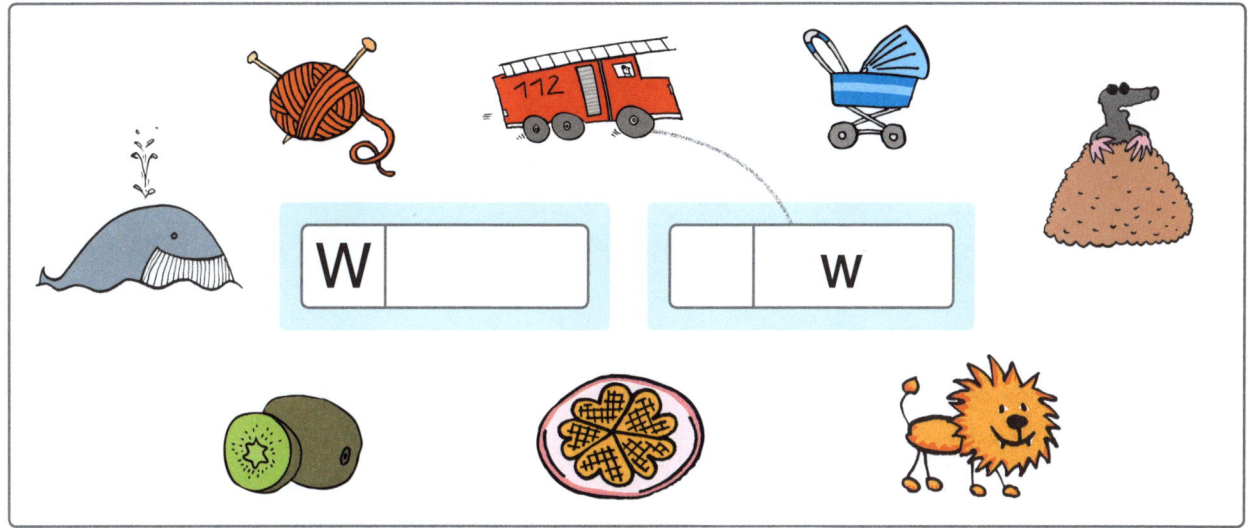

2

3

a e i
o u

W w

1

 ☐ Wale
☐ Esel

 ☐ Melone
☐ Salami

 ☐ Welle
☐ Wolle

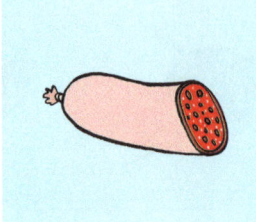 ☐ Sonne
☐ Wanne

 ☐ Wolle
☐ Waffel

 ☐ Wolf
☐ Wal

2

 | *malen* | 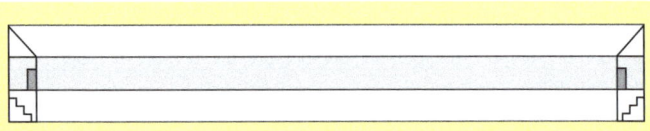 |

 | *lesen* | 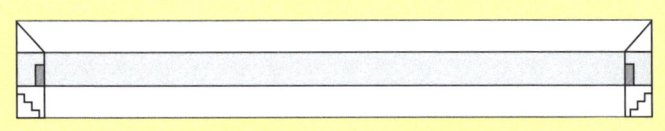 |

 | *wissen* | 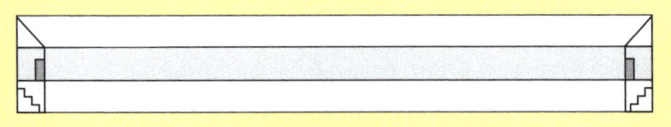 |

 | *essen* | 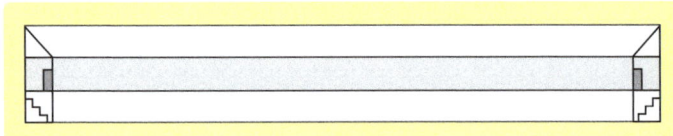 |

1

Wim will Salami essen.

Nina will Ananas essen.

Alwin will Melone essen.

Willi will Waffeln essen.

2 **Lesen**

Oma will lesen.
Leon will lesen.
Mama will alles wissen.

3 Was will Mama?

☐ Mama will lesen.

☐ Mama will alles wissen.

R r

1

Ruf an!

2

R/r motorisch erfassen

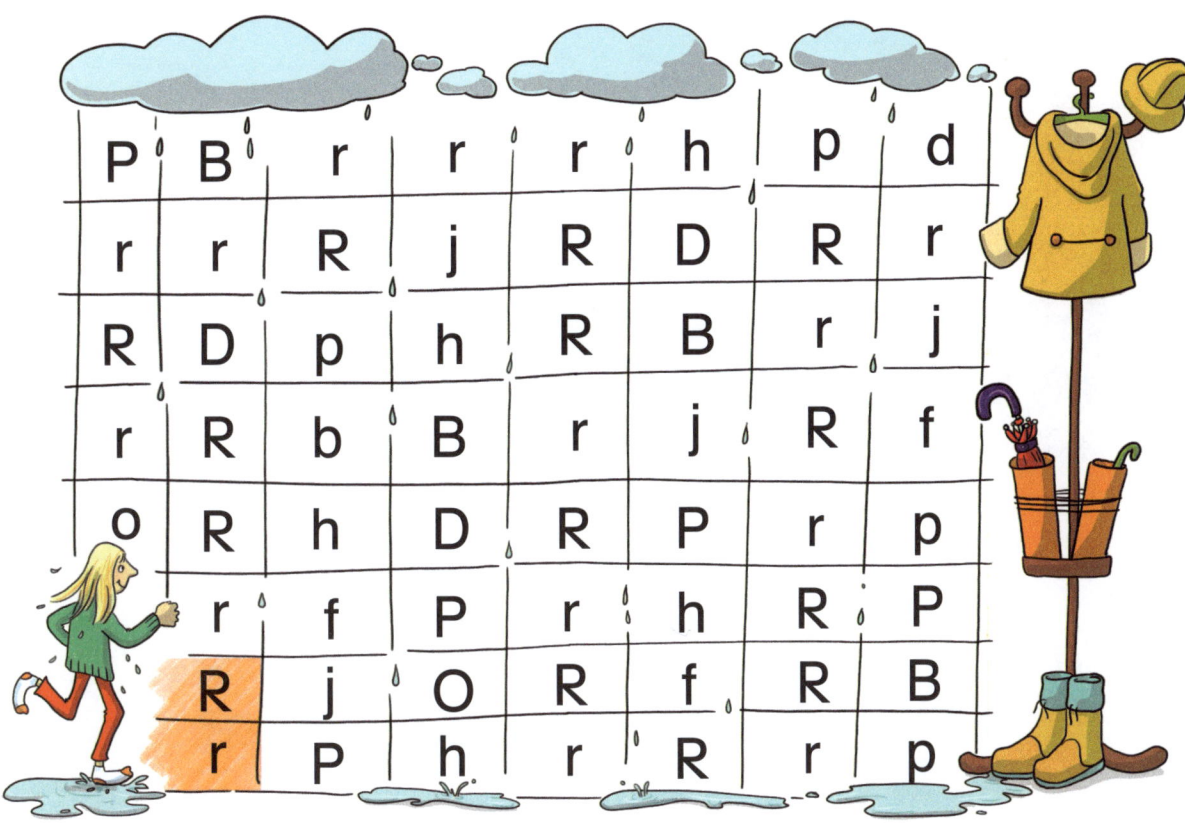

2

Der rote Roller rast den Berg herunter.
Rosa und Robin rennen hinterher.

R r

1

Rosinen

Roller

rufen

wir

2

3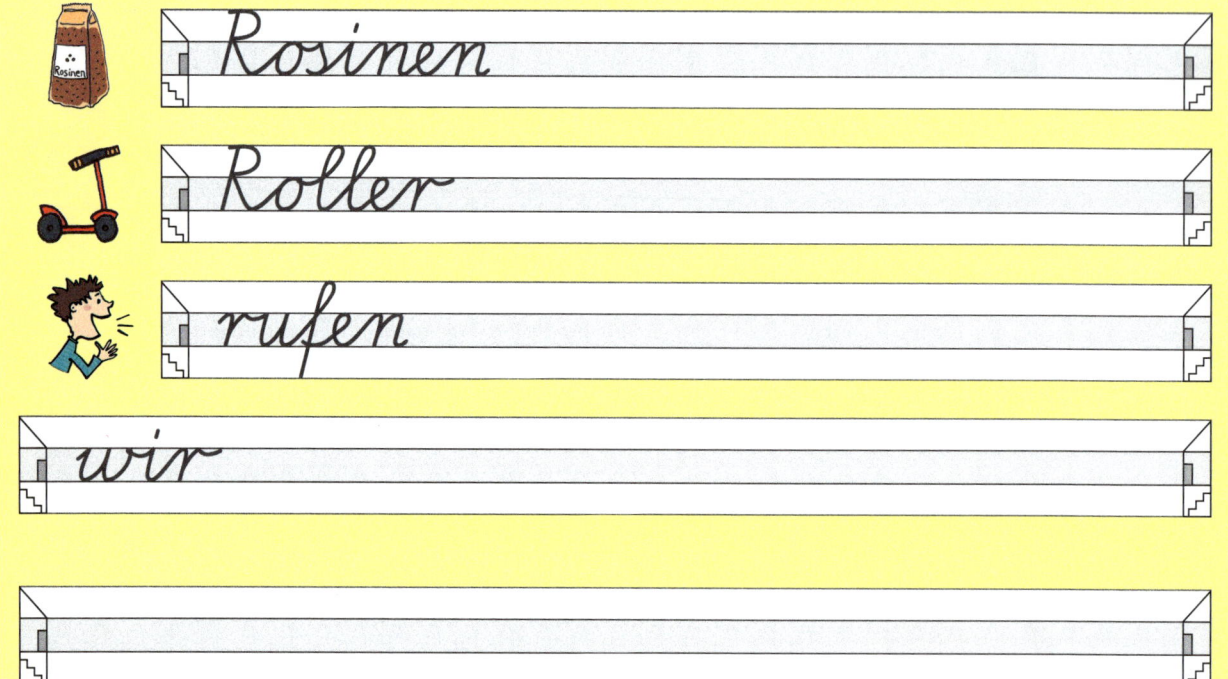

Wörter mit R/r schreiben
Freies Schreiben

Fö 80

1

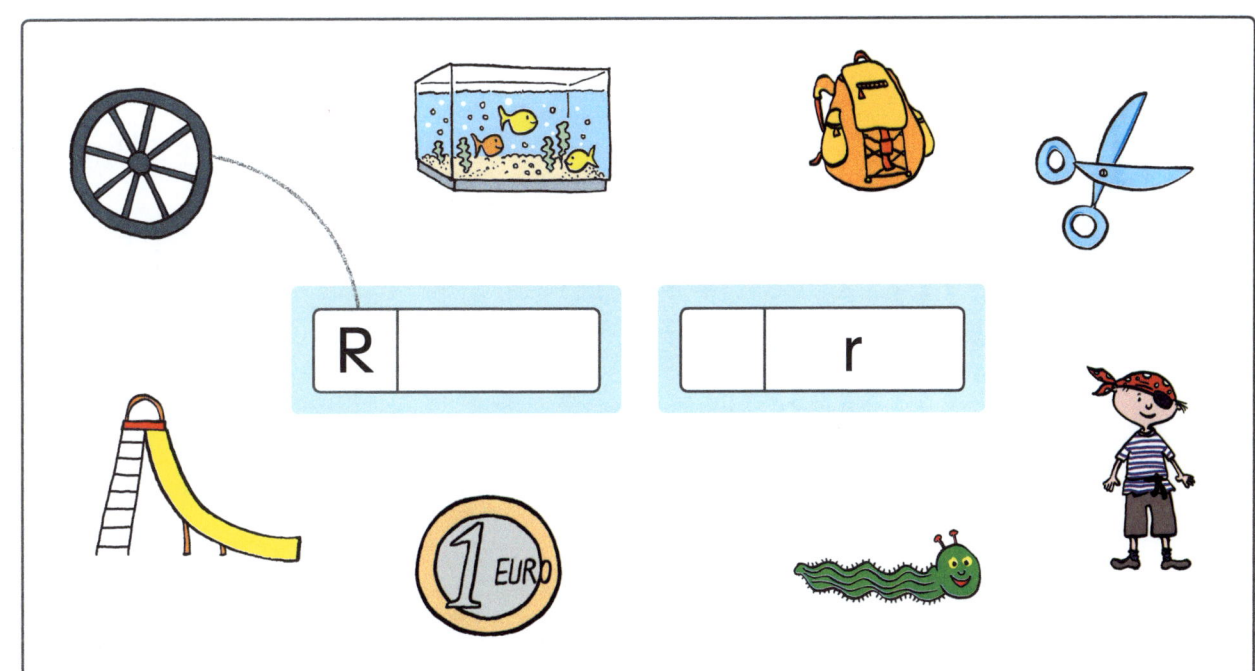

R	

	r

2
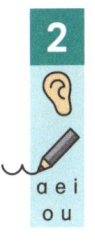

a e e

3

1.  2. ✏️ a e i / o u 3. ✏️ 👄

o i e

 *Rosinen*

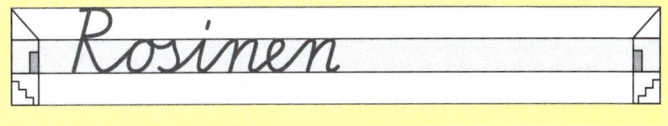

1

☐ Rasen
☐ Rosen
☐ Rosinen

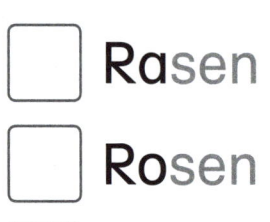

☐ Wasser
☐ Waffel
☐ Messer

☐ Rolle
☐ Roller
☐ Rassel

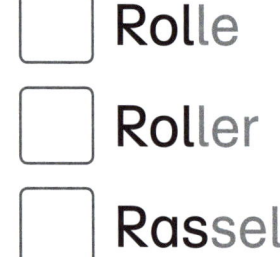

☐ rennen
☐ rollen
☐ rufen

2

☐ Murmeln
☐ Rosen

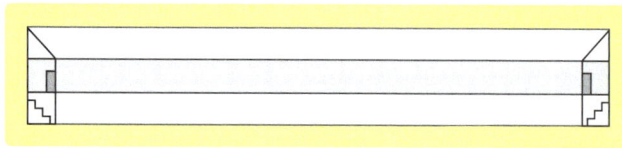

☐ lila
☐ rosa

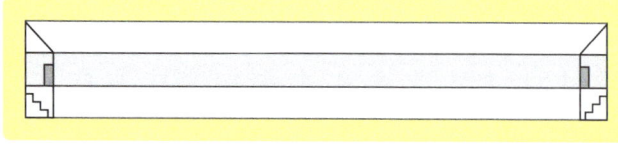

☐ rufen
☐ rennen

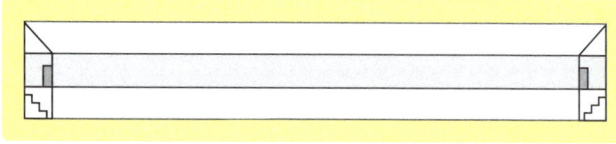

☐ lernen
☐ werfen

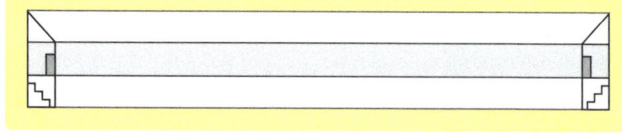

☐ wollen
☐ rollen

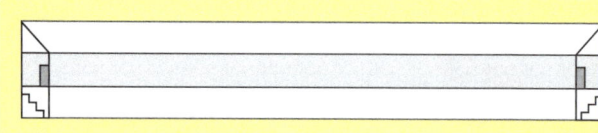

1

Lara will

Oma anrufen.

Wir wollen

Salami fressen.

Rolfi will

Rosen malen.

2 Malen

Wir malen.
Oma will Roller malen.
Lara will Rosen malen.
Ole will alles rosa malen.

3 Wer will Rosen malen?

☐ Oma will Rosen malen.

☐ Lara will Rosen malen.

T 𝓽

1

Toll!

2

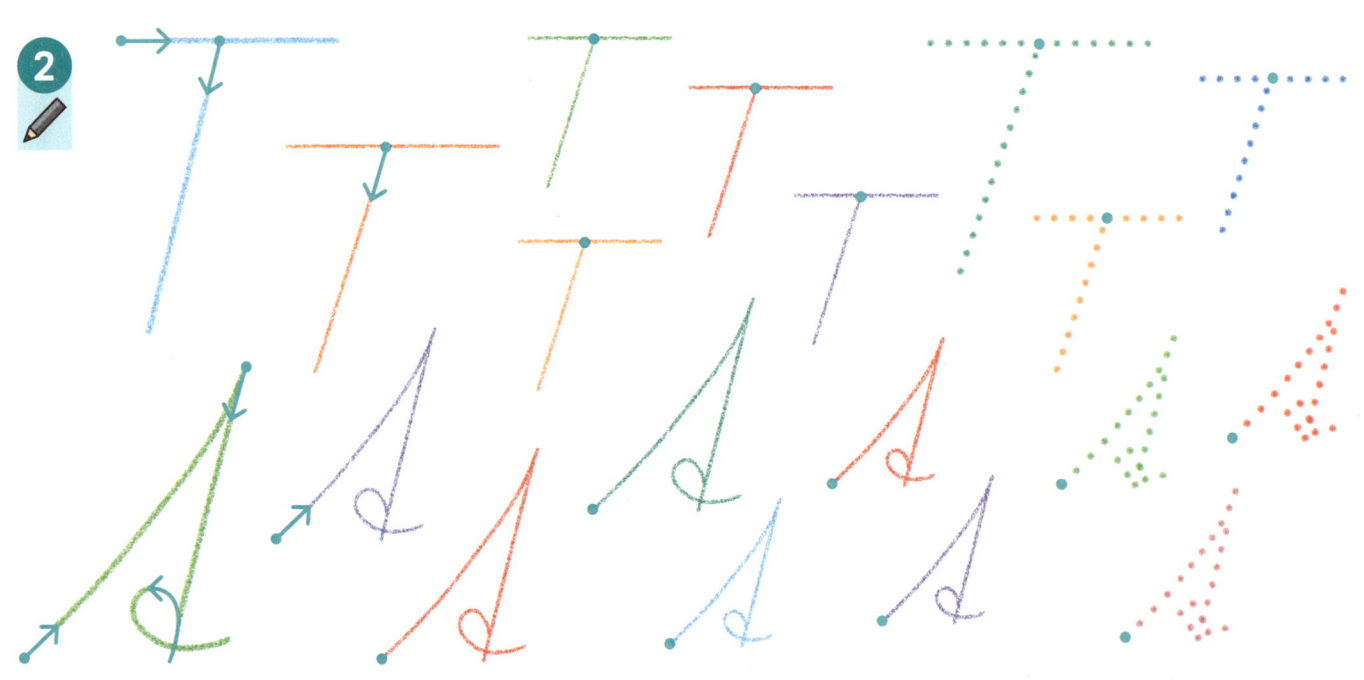

22 T/t motorisch erfassen

1

2

3 Tom turnt total gern mit Tante Tina.
Tina kennt tolle Tricks auf dem Trampolin.

4

Datum: _____

1 🖊

📞	Telefon
🫖	Tee
🤸	turnen
	ist
	soll

2 🖊

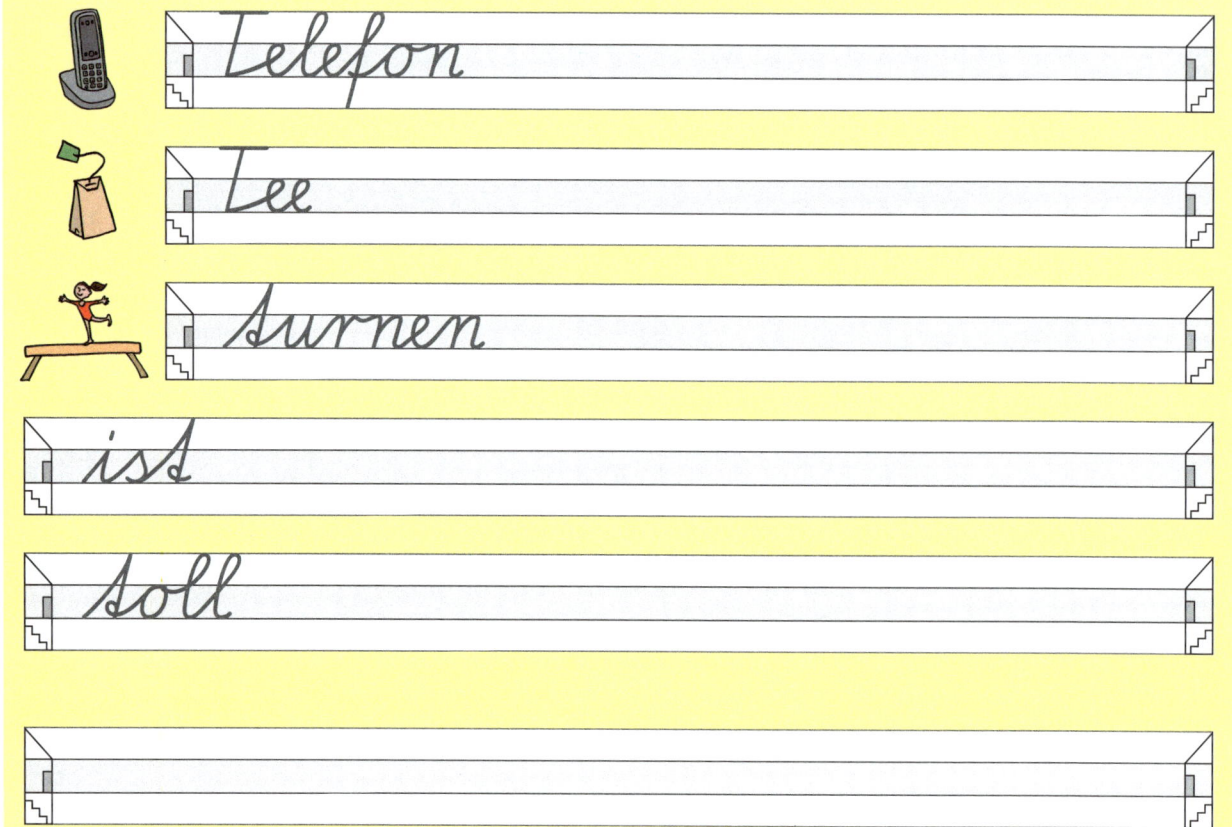

Tee → See

3 👓 🖊

🫖	Tee	☀️	Sonne
🐸	See	🛢️	T
⛰️	Tal	🧴	Watte
🐋	W	🐁	R

Wörter mit T/t schreiben
Reimwörter bilden

1

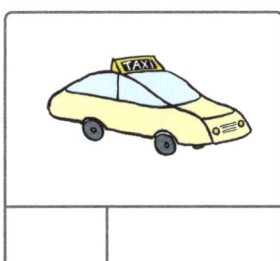

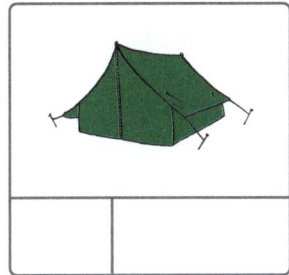

2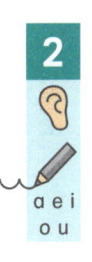

3

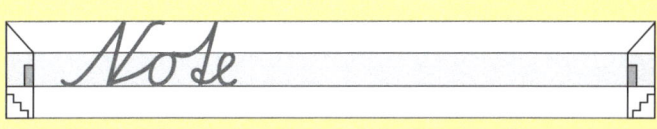

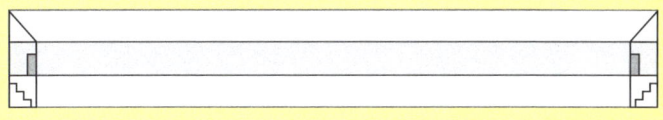

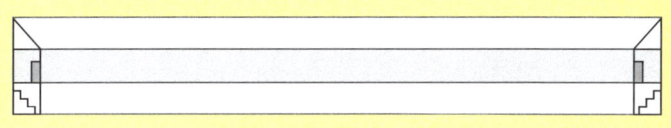

T/t und Silben auditiv analysieren; Bildwörter verschriften

 T/t an richtiger Lautposition eintragen

Wörter schreiben

KV 41-42
Fö 88-92
Fo 12-13

 76-77 **25**

Datum: _____

1

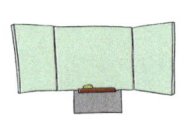

Ta	te

Tan	fel

Tor	te

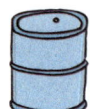

Ton	ne

2

Mantel	Elefant	Tee	Ente

3

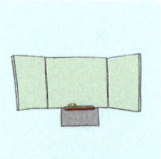
☐ Tifel
☐ Tafel

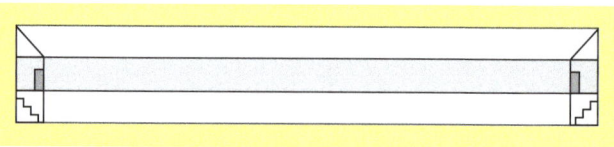

🍅
☐ Tomase
☐ Tomuse

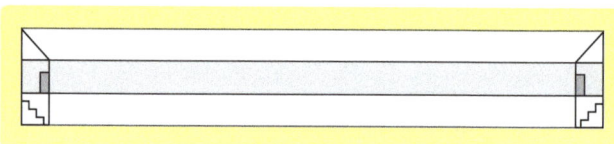

📞
☐ Telefn
☐ Telefon

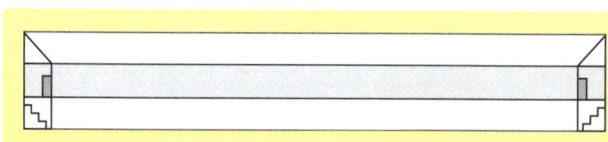

T/t lesen und schreiben (Silben und Wörter)

KV 43
Fö 93-95

1

Was ist rot?
- ☐ Ananas
- ☐ Tomate

Was ist oft warm?
- ☐ Ofen
- ☐ Lineal

2

Turnen ist toll.

Rennen ist toll.

Lesen ist toll.

3

Was ruft Tom?

- ☐ Rufen ist toll.
- ☐ Rennen ist toll.

4

Was ist toll?

_____
Unterschrift Partnerkind

1

Au!

1

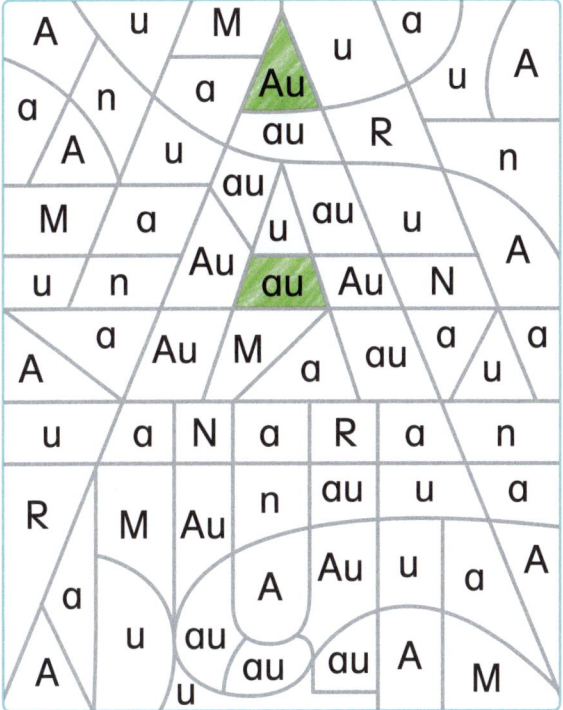

2

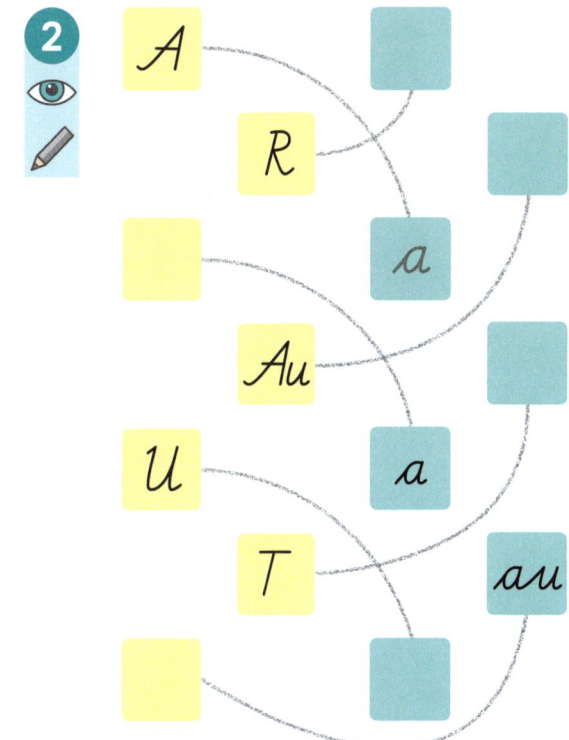

3

Auf dem Berg sausen blaue Autos herum.
Aus dem Auspuff kommt grauer Rauch.

4

1

Automat

laufen

laut

aus

2

3

1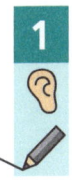

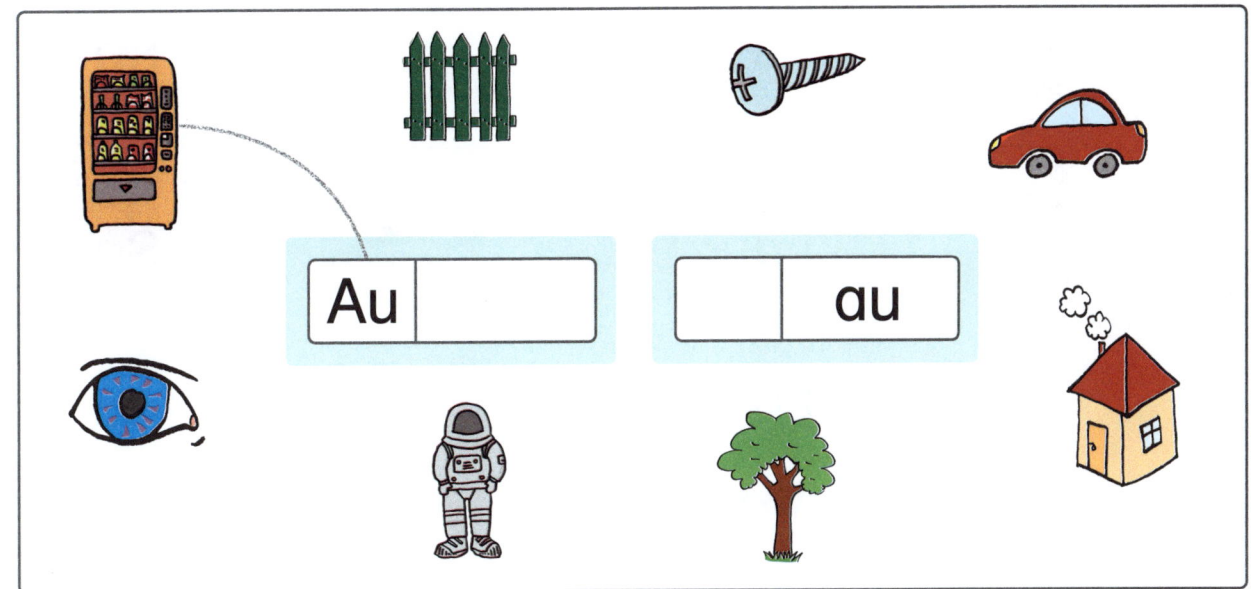

Au | | | au

2

a e i
o u

au e

3

a e i
o u

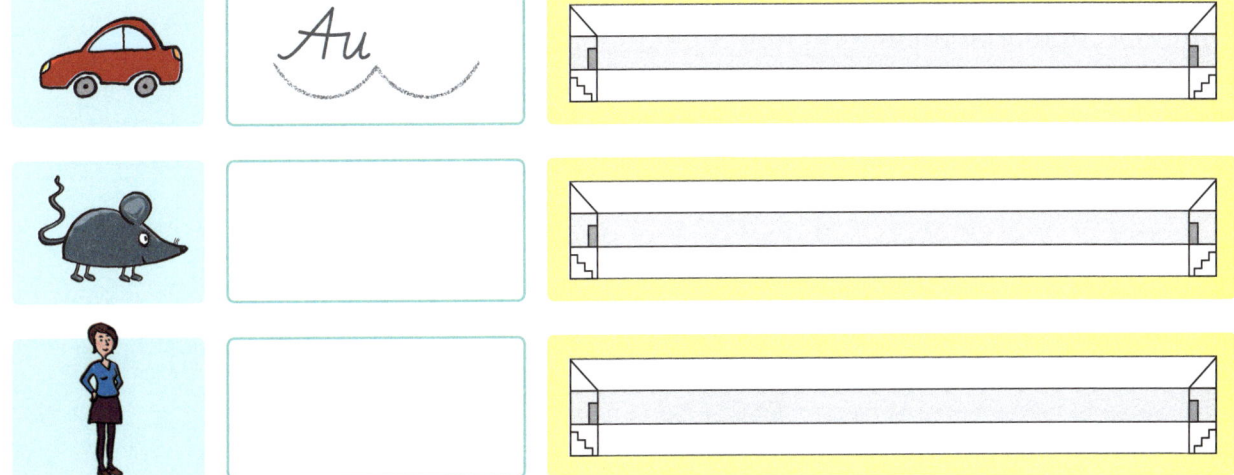

Au

Au/au und Silben auditiv analysieren
Bildwörter verschriften

Wörter schreiben

KV 44

81

31

Au au

Datum: _____

1

☐ Frau
☐ Mann
☐ Laura

☐ Rose
☐ Tanne
☐ Salat

☐ Laus
☐ Maus
☐ Maulwurf

☐ Automat
☐ Mauer
☐ Auto

2 Was ist laut?

☐ Mauer
☐ Telefon

☐ Elefant
☐ Maus

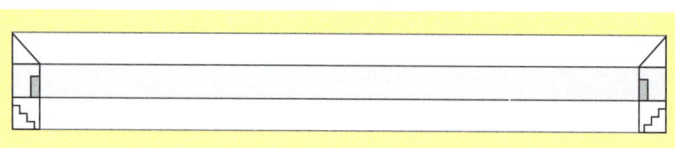

☐ Auto
☐ Laus

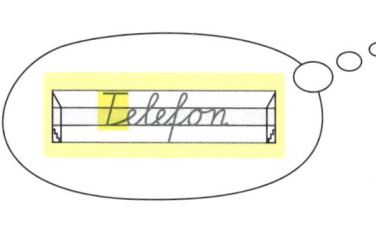

Telefon ist ein Nomen.

Nomen schreibst du groß.

Au/au lesen und schreiben (Wörter)

KV 45-46

1

| Alle Lamas | wartet im Auto. |

| Astronauten | saufen Wasser. |

| Frau Maurito | sauer auf Tim. |

| Anna ist | laufen im All. |

2 Im Auto

Laura ist mit Mama im Auto.
Laura ist so laut.
Mama ist sauer.

3 Warum ist Mama sauer?

[ ] Laura ist nass.

[ ] Laura ist laut.

Datum: _____

1

Prima!

2

P/p motorisch erfassen

1

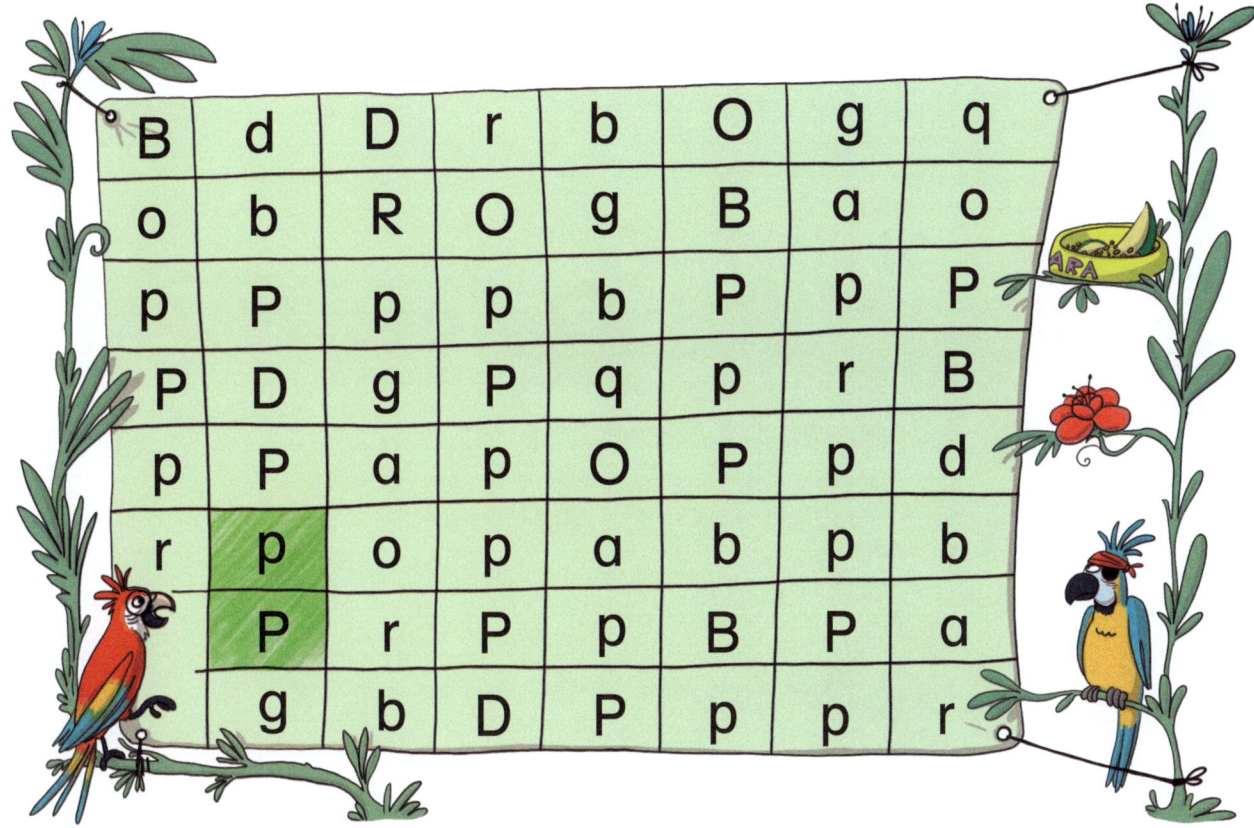

B	d	D	r	b	O	g	q
o	b	R	O	g	B	a	o
p	P	p	p	b	P	p	P
P	D	g	P	q	p	r	B
p	P	a	p	O	P	p	d
r	p	o	p	a	b	p	b
P	P	r	P	p	B	P	a
	g	b	D	P	p	p	r

2

Papa passt auf Pepes Puppe auf.
Oder passt Pepes Puppe auf Papa auf?

3

P p

1

Pirat

Puppe

Raupe

Ampe

pusten

2

Post → Most

3

Lippe

W

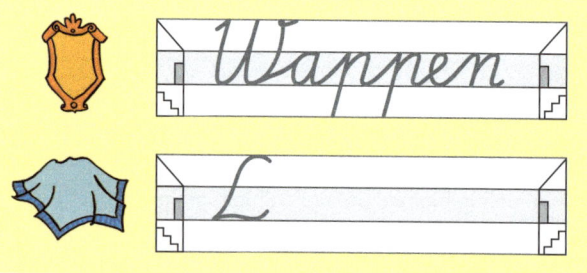
Wappen

L

Panne

T

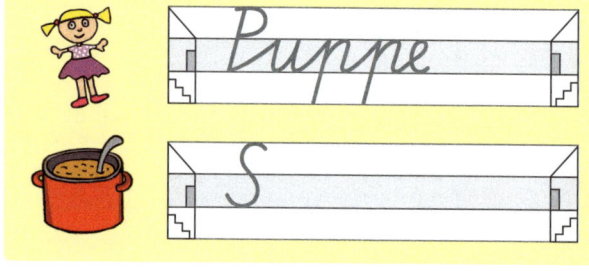
Puppe

S

Wörter mit P/p schreiben
Reimwörter bilden

Fö 98

1

X

 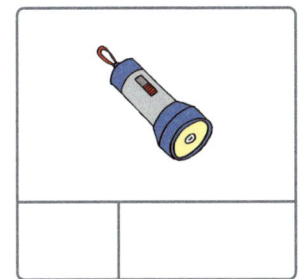  

2
a e i o u

 plus

 Post

 Palme

Opa

plus

3

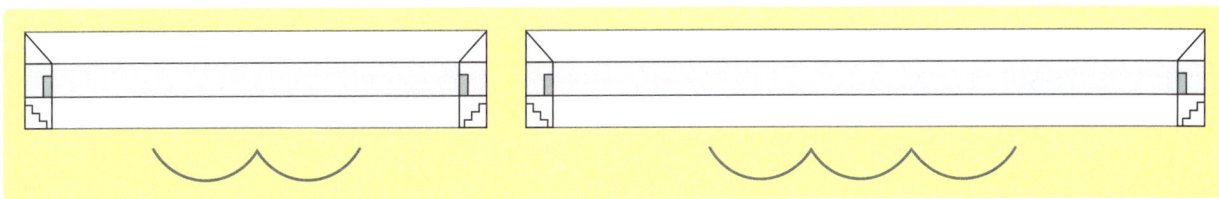

 **P p**

1

☐ Suppe

☐ wippen

☐ Tomaten

☐ pusten

☐ Lampe

☐ Tassen

☐ Messer

☐ Pinsel

2

☐ Papa
☐ Opa

☐ Pilotin
☐ Piratin

☐ Ampel
☐ Amsel

P/p lesen und schreiben (Wörter)

KV 48

1

Male Opa am Fenster.

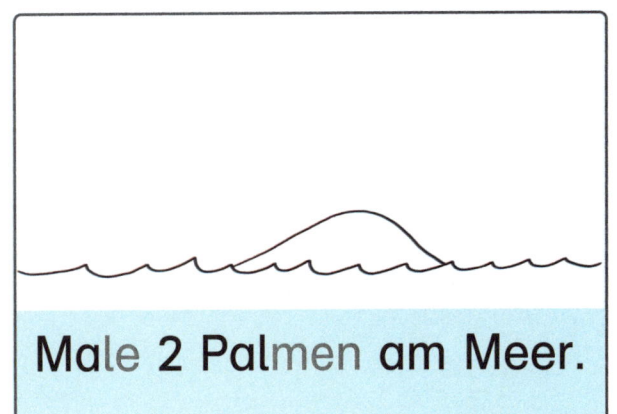

Male 2 Palmen am Meer.

2  **Pause**

Rosa will wippen.
Pawel will turnen.
Lina ist im Tor.
Frau Paulsen muss pusten.

3 Was will Pawel?

☐ Pawel will wippen. ☐ Pawel will turnen.

4 Was wollen wir
in unserer Pause tun?

_____
Unterschrift Partnerkind

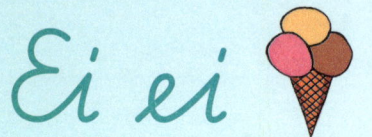

1

Ein Eis!

2

Ei/ei motorisch erfassen

1

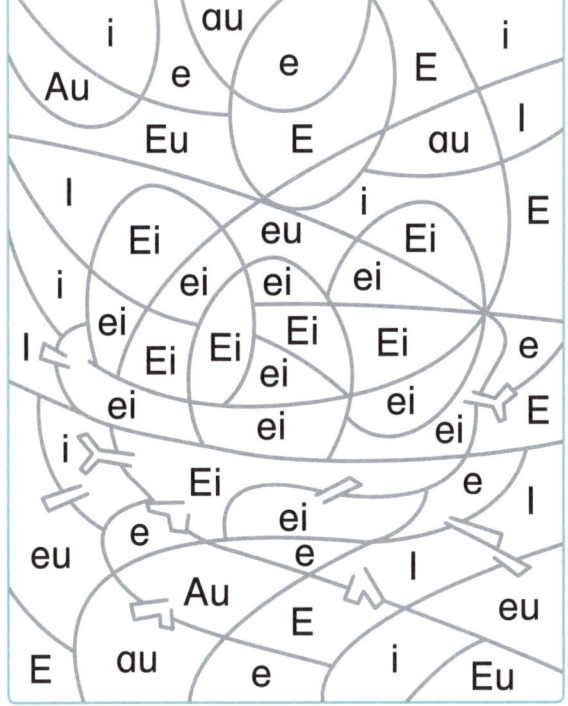

2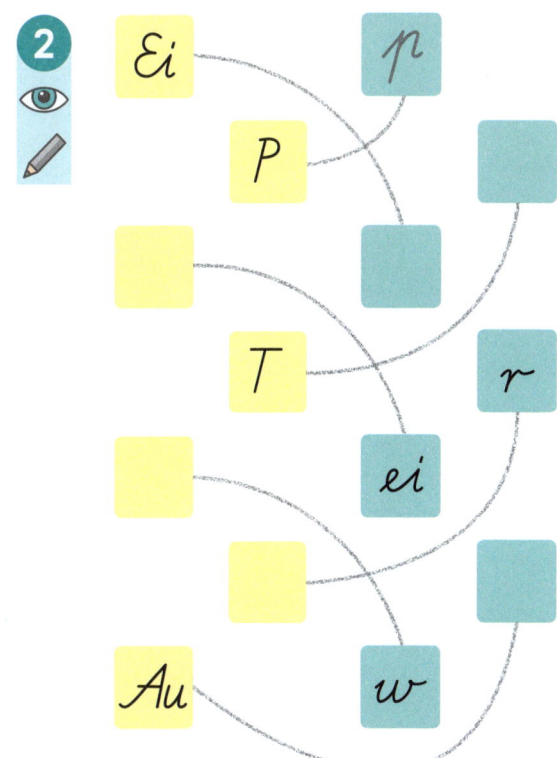

3

Ein kleines Schwein reist ganz allein.
Es frisst ein Eis und reist dann heim.

4

Ei ei

1 ✏️

 Eier

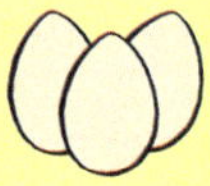

Seife

leise

ein

2 ✏️

3 🏢 ✏️

Wörter mit Ei/ei schreiben
Freies Schreiben

Fö 99

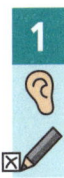

 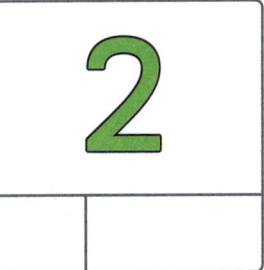  

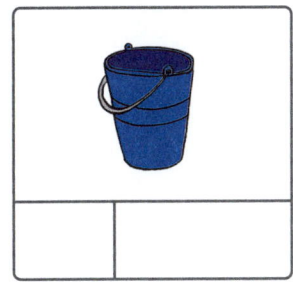   

 Seife    Seil

 Reis    Leiter

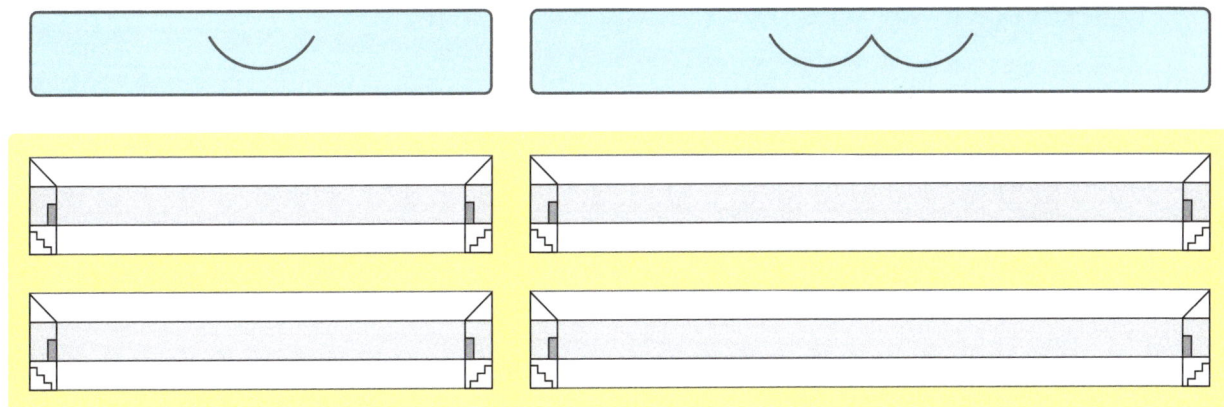

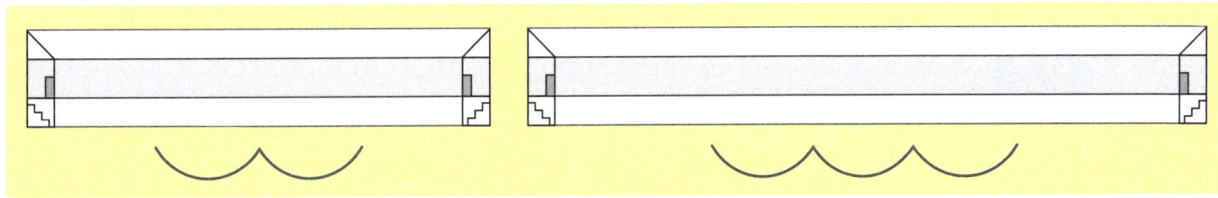

Ei/ei und Silben auditiv analysieren, Wörter nach Silbenanzahl sortieren
Wörter mit vorgegebener Silbenanzahl schreiben

Ei/ei an richtiger Lautposition eintragen

KV 50

91 – 92

43

1

 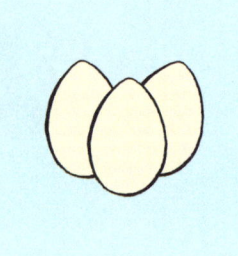  

Ameise | Eis | Eier | Seife

2

 ein Eis  *ein Eis*

 eine Leiter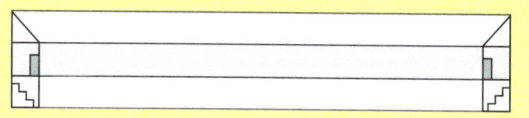

 ein Eimer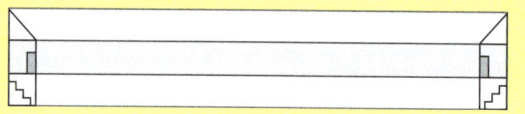

 eine Meise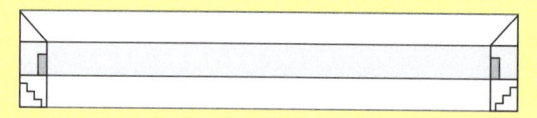

 ein Reiter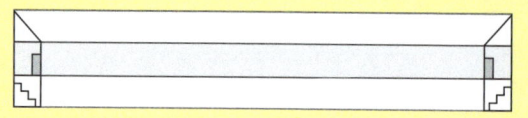

1

 | Papa malt • | • ein Eis essen.

 | Panu reitet • | • eine Ameise.

 | Leila will • | • auf einem Elefanten.

2 **Unsere Reise**

Wir planen eine Reise.
Paula will auf eine Insel.
Leif will reiten.
Papa will nur lesen.
Sollen wir nun losen?

3   Was will Leif?

☐ Leif will reiten.   ☐ Leif will lesen.

4 **Meine Reise**

_____
Unterschrift Partnerkind

D d

Datum: _____

Du!

D/d motorisch erfassen

1

O	d	D	d	b	C	o
p	D	g	D	P	g	B
D	d	b	d	g	O	C
d	P	d	D	b	p	b
D	g	D	O	C	B	P
o	B	d	p	o	b	g
B	C	D	d	b	d	D
o	P	g	D	d	D	C

2

Drei Dackel drücken den dicken Dino.
Da rennt der dicke Dino davon.

3

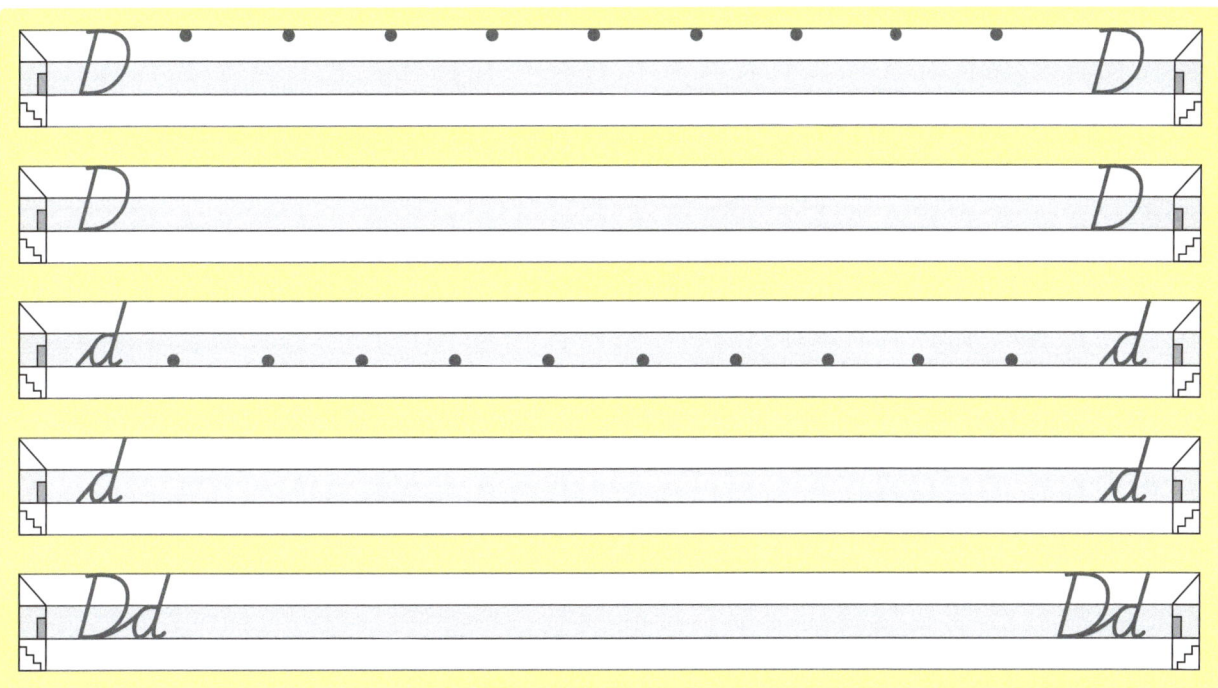

D d

1

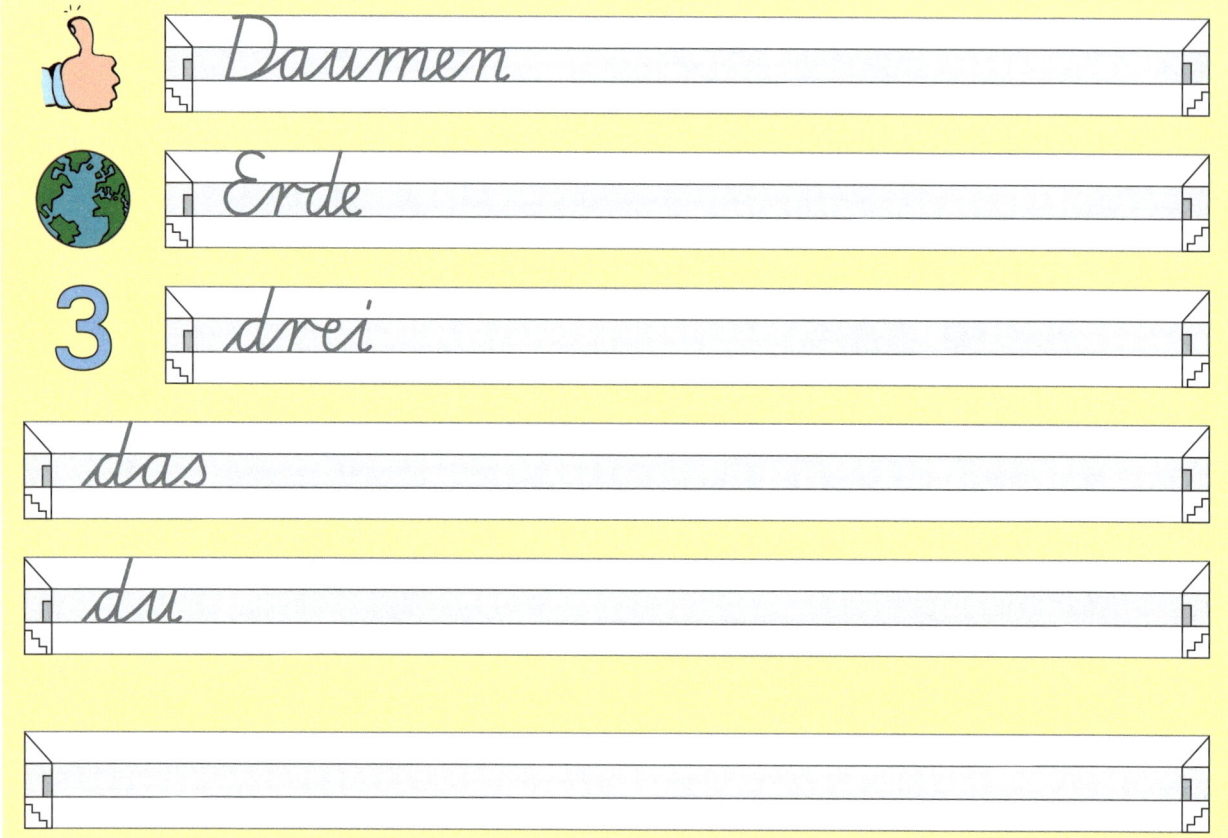

Daumen

Erde

drei

das

du

2

3

Leder

F

Rose

D

Durst → Wurst

4

Pudel

das

Wörter mit D/d schreiben
Reimwörter bilden

Fö 100-102

1

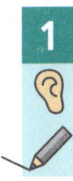

D |

     | d

2

a e i
o u

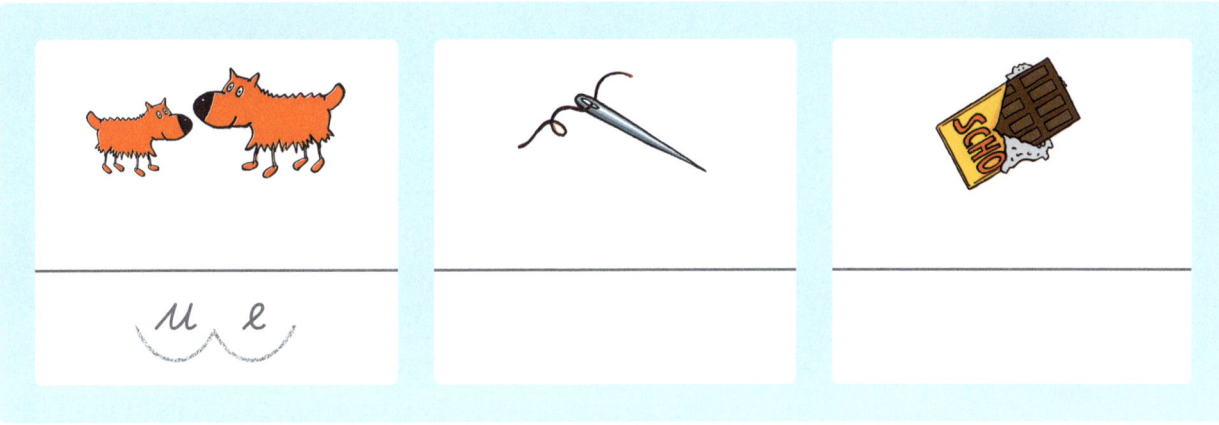

u e

3

a e i
o u

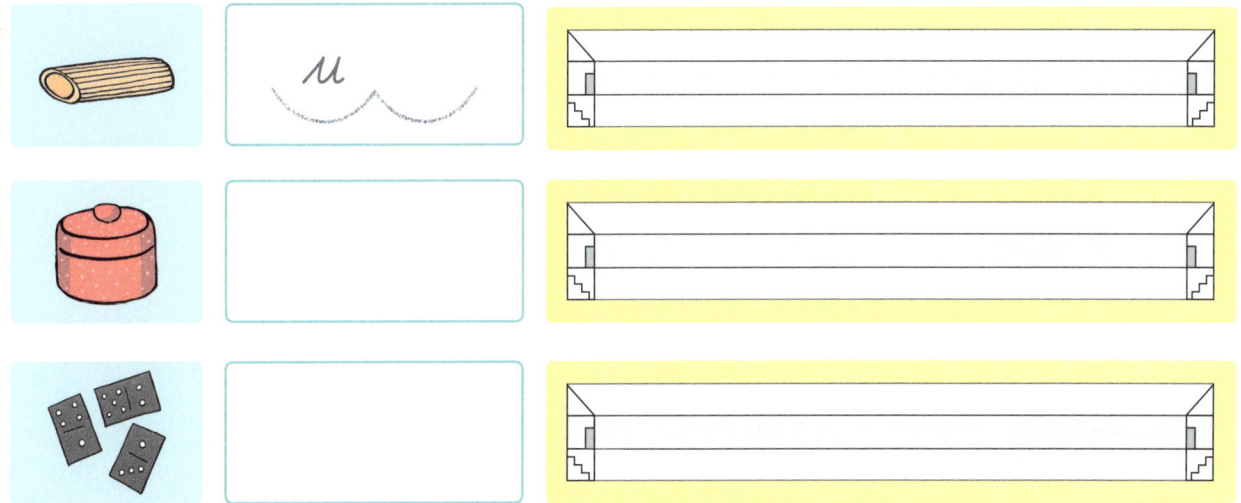

u

D/d und Silben auditiv analysieren
Bildwörter verschriften

2 ✏ Wörter schreiben

KV 52
Fö 107-111
Fo 17-18

96-97   **49**

D d

1

☐ Dilfene
☐ Delfone
☐ Delfine

☐ Domano
☐ Domino
☐ Domono

☐ Liminade
☐ Limanade
☐ Limonade

☐ Sandalen
☐ Sandolen
☐ Sundalen

2

 • *eine Feder*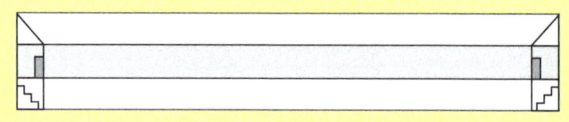

 • *ein Dino*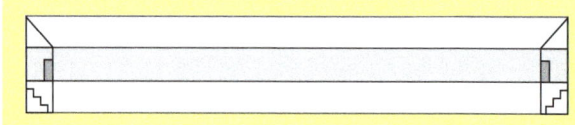

 • *eine Dose*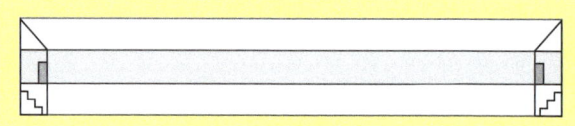

 • *melden*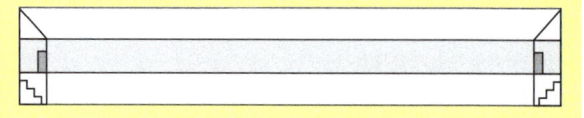

 • *finden*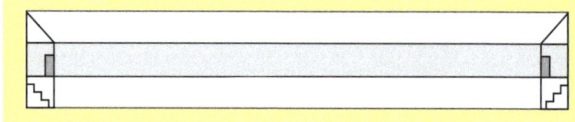

D/d lesen (Text)

1 👁 ✏️ ✋

Sch

Schneller!

sch

2 ✏️

Sch Sch Sch

sch sch Sch

sch sch sch

1

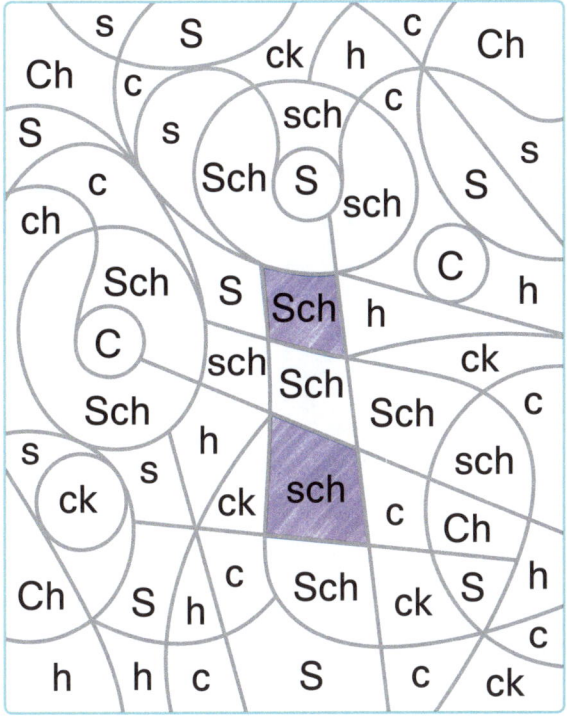

2

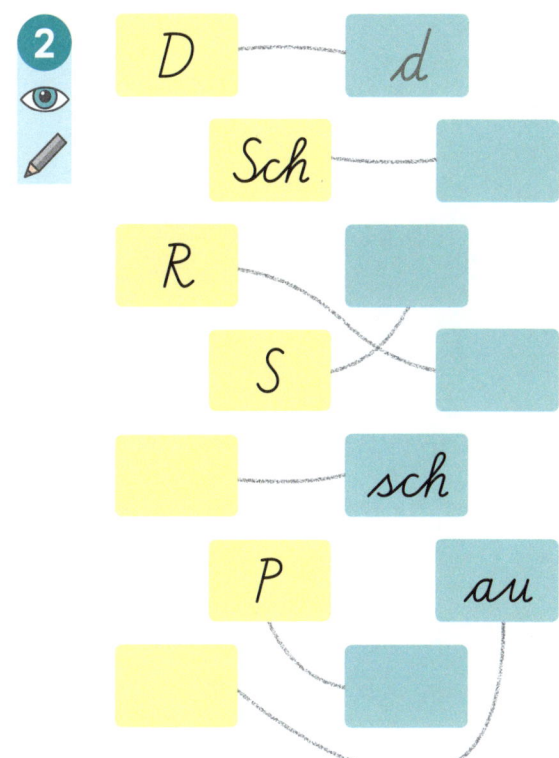

3 Schlafen schwarze Schafe im Schlamm?
Und schlafen weiße Schafe im Schnee?

4

Sch/sch visuell diskriminieren und schreiben

3 Sätze lesen   Fö 122

99   **53**

Datum: _____

1

Schere

Schule

schlafen

schon

2

3

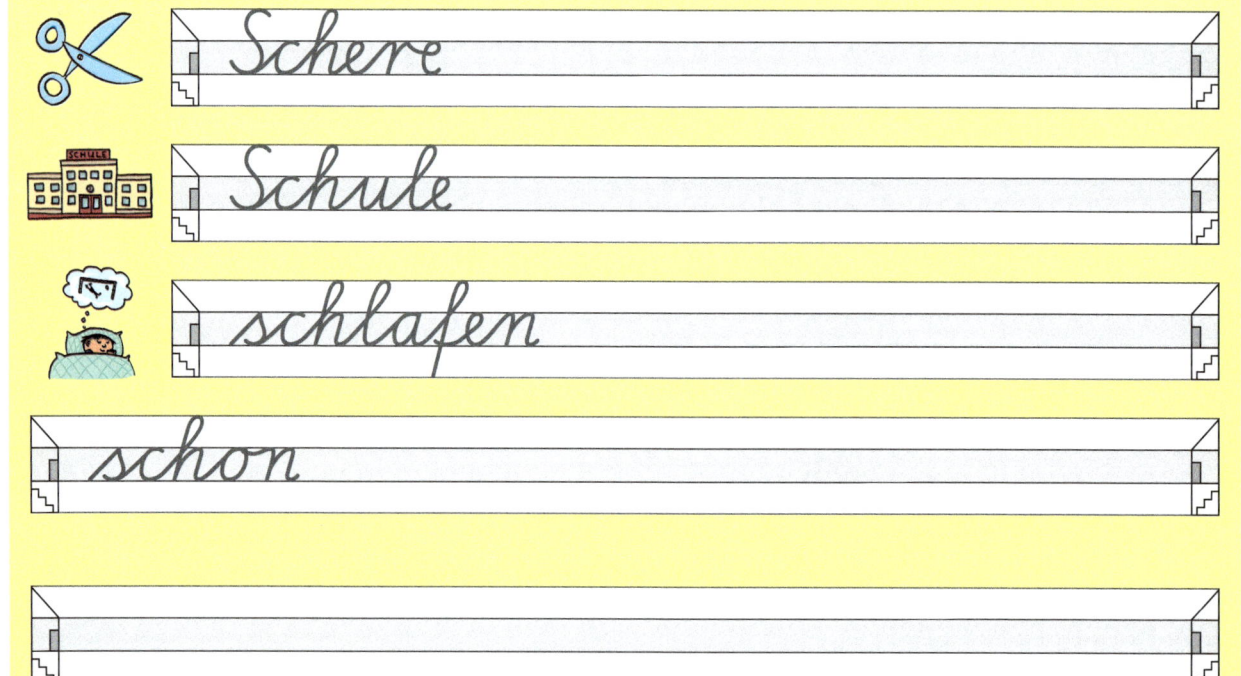

Wörter mit Sch/sch schreiben
Freies Schreiben

Fö 116

 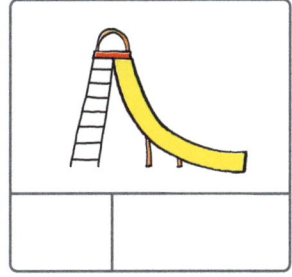 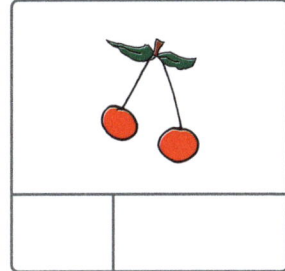 

 *Tisch*

 *schlau*

 *Schleife*

 *Schule*

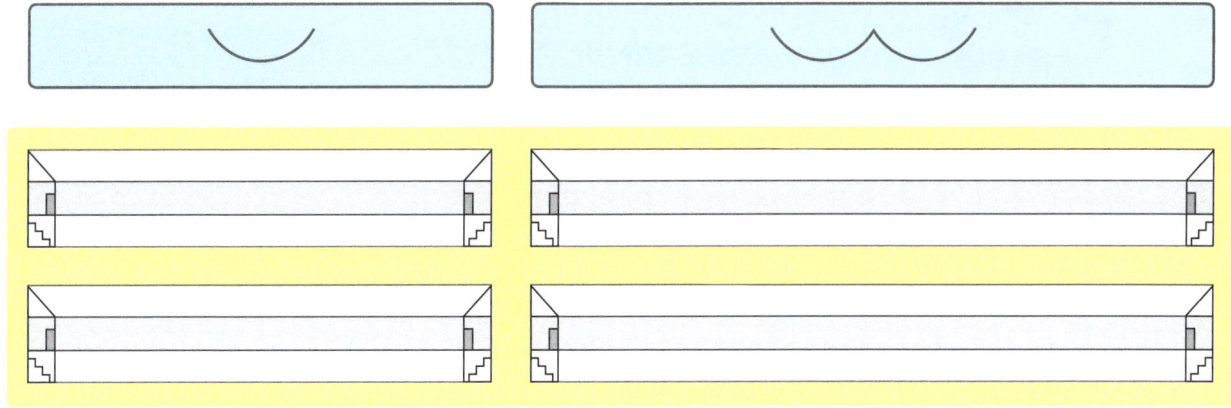

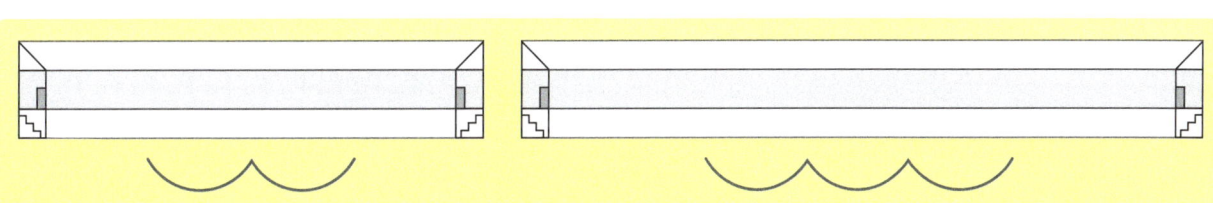

Sch/sch und Silben auditiv analysieren, Wörter nach Silbenanzahl sortieren
Wörter mit vorgegebener Silbenanzahl schreiben

1 Sch/sch Sch/sch an richtiger Lautposition eintragen

KV 54-55
Fo 23

100-101

55

Sch sch

1

Am Meer

- [ ] Schaf
- [ ] schwimmen
- [ ] Flasche
- [ ] Schiff
- [ ] Schnee
- [ ] Muscheln
- [ ] Dusche
- [ ] Schirme

2

- [ ] *Auf dem Schiff schlafen Schafe.*
- [ ] *Auf dem Schiff schlafen Piraten.*

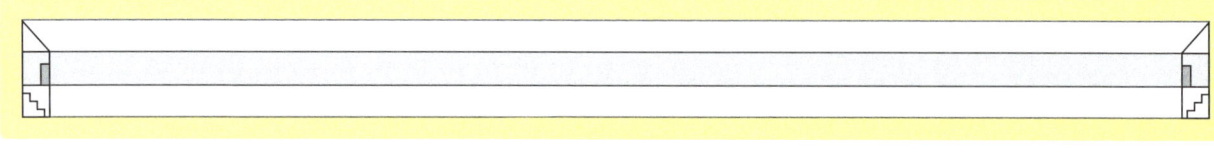

Auf dem Schiff schlafen Piraten.

1

Male dem Schaf
einen Schal.

Male dem Fisch
elf Schuppen.

2

In der Schule

Wir schlafen in der Schule.
Lea will mit Frau Schneider lesen.
Paul nimmt eine Taschenlampe.
Er will seine Schule erforschen.
Da raschelt es leise unter dem Tisch.

3

Was will Paul tun?

☐ Paul will seine Schule erforschen.

☐ Paul will duschen.

4

Was willst du in der Schule tun?

_____
Unterschrift Partnerkind

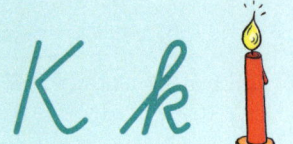 

1

Kalt!

2

K/k motorisch erfassen

1

V	H	M	L	H	R	A
K	L	v	K	k	K	M
T	k	M	K	k	E	k	L
k	K	R	K	A	T	k	N
K	v	N	k	H	K	K	V
k	K	T	k	L	k	M	v
A	k	V	K	E	K	R	T
H	K	K	k	N	k	K	k

2

Katzen kratzen, Käfer krabbeln, Affen klettern, Kamele wandern. Und Krokodile?

3

 K k

Datum: _____

1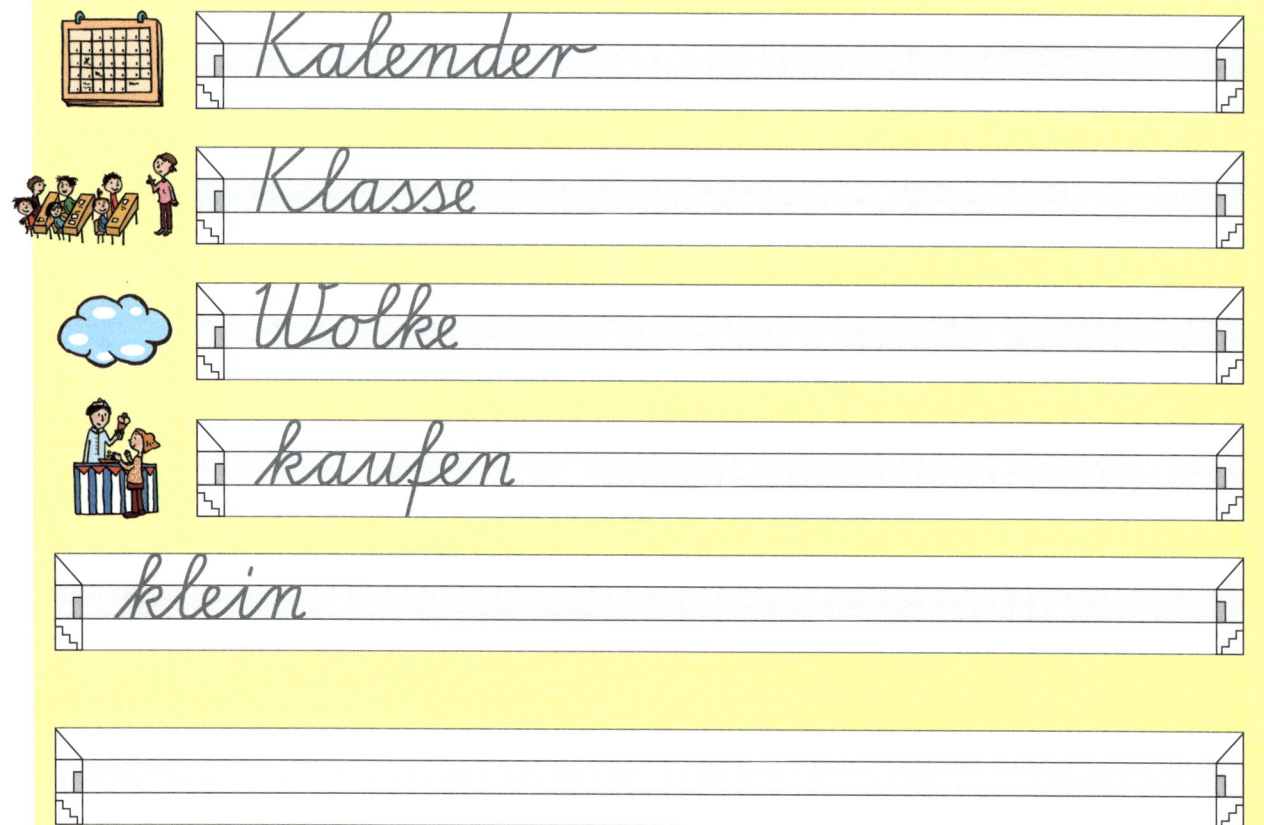

Kalender

Klasse

Wolke

kaufen

klein

2

3

Tanne

K

Tasse

K

kann
dann

4

kaufen

kein

Wörter mit K/k schreiben
Reimwörter bilden

Fö 117

1

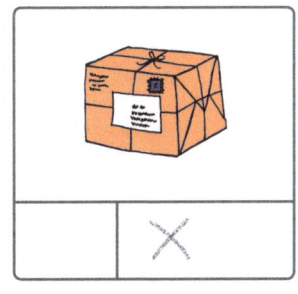   

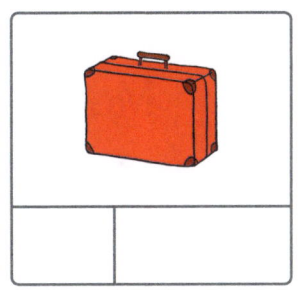   

2
a e i
o u

a

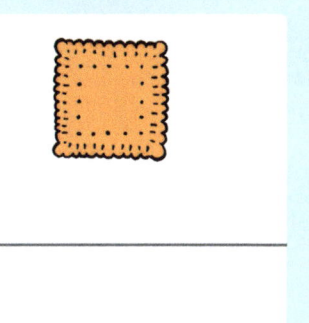

3
a e i
o u

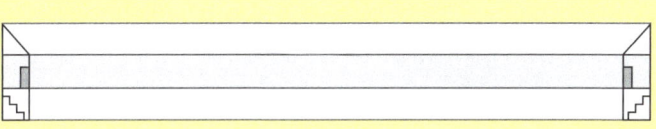

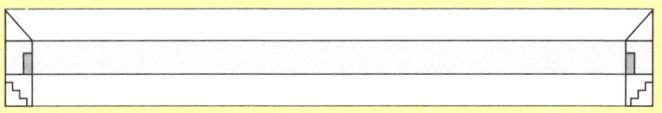

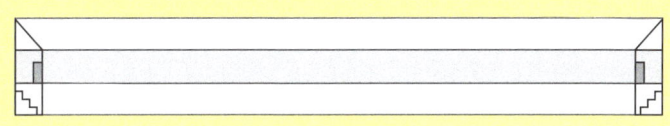

K/k und Silben auditiv analysieren; Bildwörter verschriften

1 ҡ|ҡ K/k an richtiger Lautposition eintragen

2 ✎ Wörter schreiben

KV 57-58

1

- [ ] Rakate
- [ ] Rakete
- [ ] Rekate

- [ ] Mikadi
- [ ] Mikodi
- [ ] Mikado

- [ ] Kalinder
- [ ] Kalender
- [ ] Kelander

- [ ] Makrofon
- [ ] Mekrofon
- [ ] Mikrofon

2

- [ ] *Wir kaufen einen Kalender.*
- [ ] *Wir kaufen eine Kiste Kekse.*

- [ ] *Kim und Keno kommen aus dem Kanu.*
- [ ] *Kim und Keno kommen aus dem Kino.*

1

Im Nest schlafen ~~rot~~ drei kleine Kakadus.

Kira kauft Kirschen auf dem Sonne Markt.

Luka kalt ist auf der Schaukel.

Rennen Klara malt drei kleine Kreise.

2

Mein Kater Karlo

Karlos Fell ist so rot.
Frisst Karlo Karotten?
Nein!
Karlo frisst Fleisch aus Dosen.
Er kann schnell rennen
und toll klettern.
Karlo ist ein komischer Kerl.

3

Was kann Karlo?

☐ Karlo kann toll miauen.

☐ Karlo kann toll klettern.

4

Was kannst du?

_____
Unterschrift Partnerkind

H h

1

Huhu!

2

H/h motorisch erfassen

1

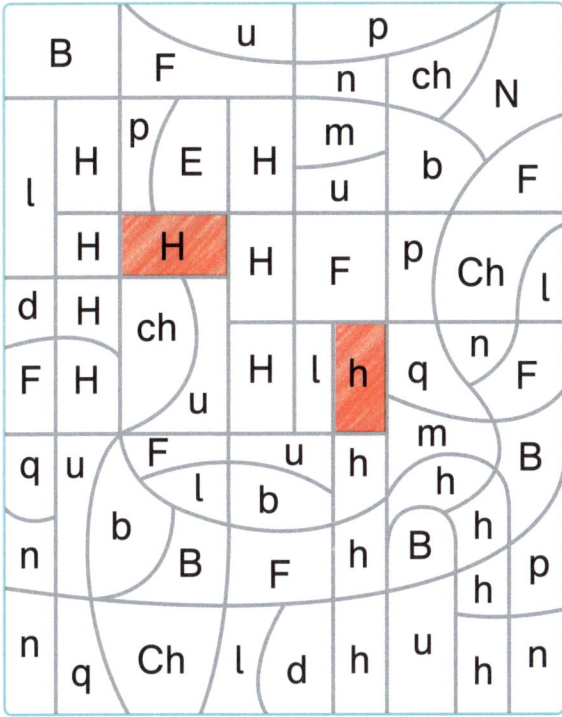

2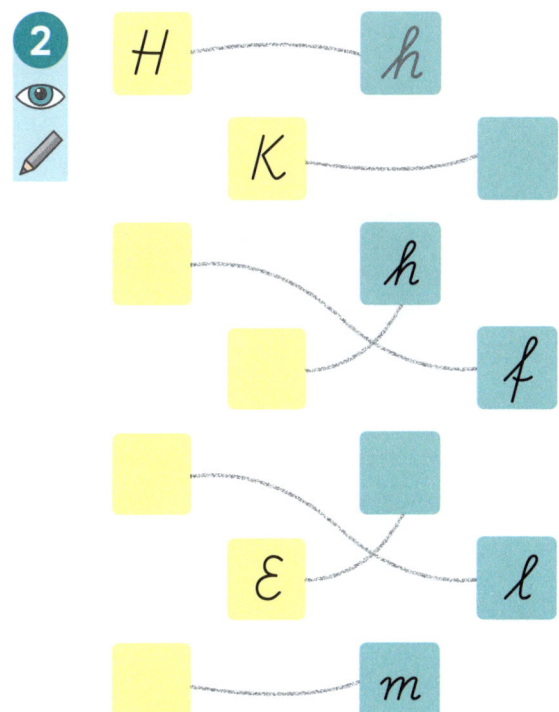

3

Hannas Hasen hoppeln heute alle hinter Hakans Hamster her. Hurra!

4

H h

1 ✏️

Hose

Haus

helfen

sehen

2 ✏️

3 📋 ✏️

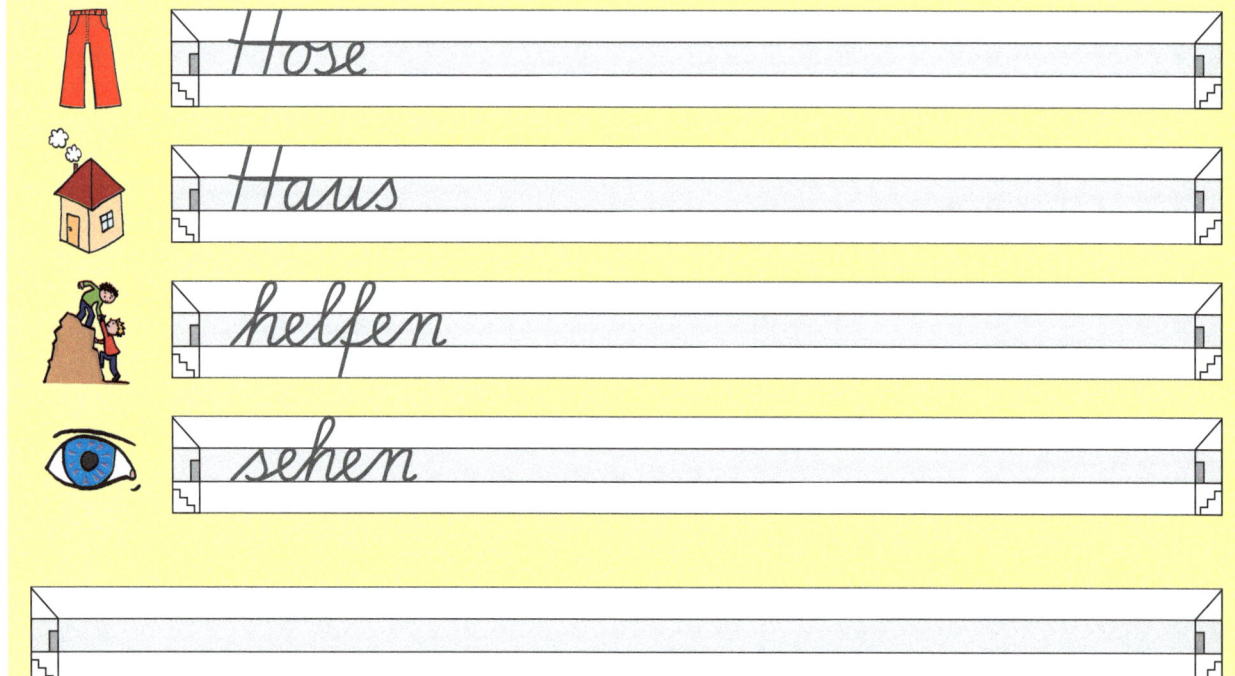

Wörter mit H/h schreiben
Freies Schreiben

Fö 118

1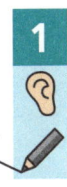

| H | | | h |

2

a e i
o u

 Haus

 Heft

 holen

helfen

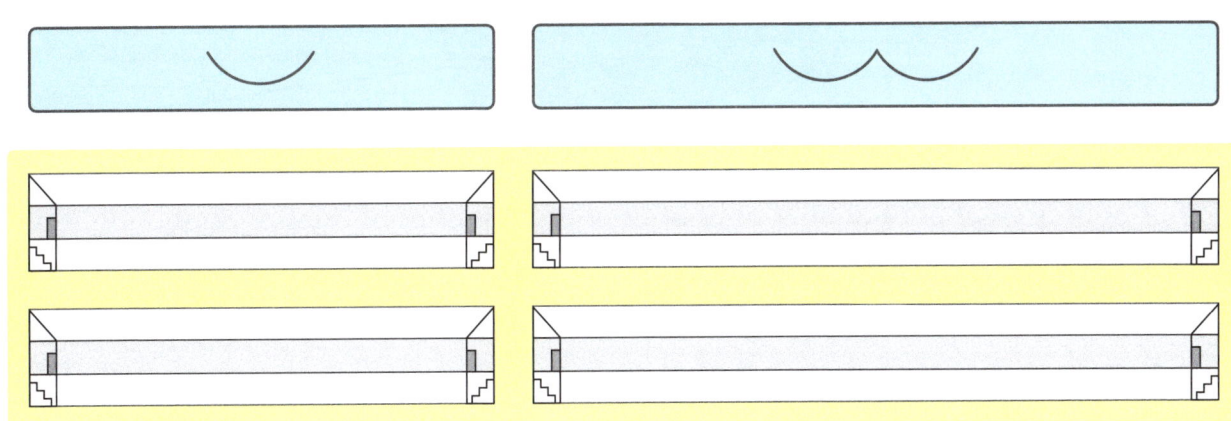

3

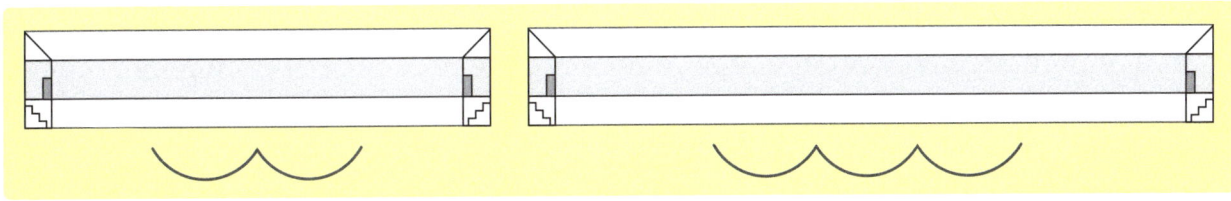

H h

1

- [ ] Hals
- [ ] Hose
- [ ] Hase

- [ ] Haare
- [ ] Hunde
- [ ] Husten

- [ ] Hase
- [ ] Haken
- [ ] Heft

- [ ] Hut
- [ ] Haus
- [ ] Hamster

2

Hanna hat

kleine Hunde.

⚀ Hanna hat ...	⚀ ... ein Heft.
⚁ Hakan kauft ...	⚁ ... ein Nashorn.
⚂ Herr Hase holt ...	⚂ ... einen Uhu.
⚃ Harri findet ...	⚃ ... kleine Hunde.
⚄ Helena will ...	⚄ ... ein Haus.
⚅ Hera malt ...	⚅ ... eine helle Hose.

111

H/h lesen (Wörter und Sätze)

KV 62

1

Am Himmel hat ist eine Wolke.

Hassan hilft Frau Heimann in der Klasse Hut.

Mein schon Hamster hat ein helles Fell.

Holen Hanna ist heiser und hat Husten.

2

Hase Hanno

Herta hat einen kleinen Hasen.
Sein Name ist Hanno.
Hase Hanno hoppelt auf dem Rasen.
Herta findet das toll.
Nun will Hanno fressen.
Er rennt in sein Haus.
Dort findet er Karotten.

3

Wo hoppelt Hanno?

☐ Hanno hoppelt hinter dem Haus.

☐ Hanno hoppelt auf dem Rasen.

4

Was hast du?

_____
Unterschrift Partnerkind

B b

1

Bitte!

2

B/b motorisch erfassen

1

P	B	b	b	B	D	B	b
d	b	o	k	b	O	b	p
b	B	P	B	a	B	a	
H	b	E	b	H	b	d	
p	B	d	b	p	B	E	
B	k	b	o	b	k	b	k
b	E	B	D	B	E	B	H
B	b	b	a	b	B	b	O

2

Biber Bibo baut bunte Bauwerke.
Sein Bruder Bobo bastelt Fensterbilder.

3

B b

1 ✏️

Blume

Nebel

schreiben

sauber

2 ✏️

3 📋 ✏️

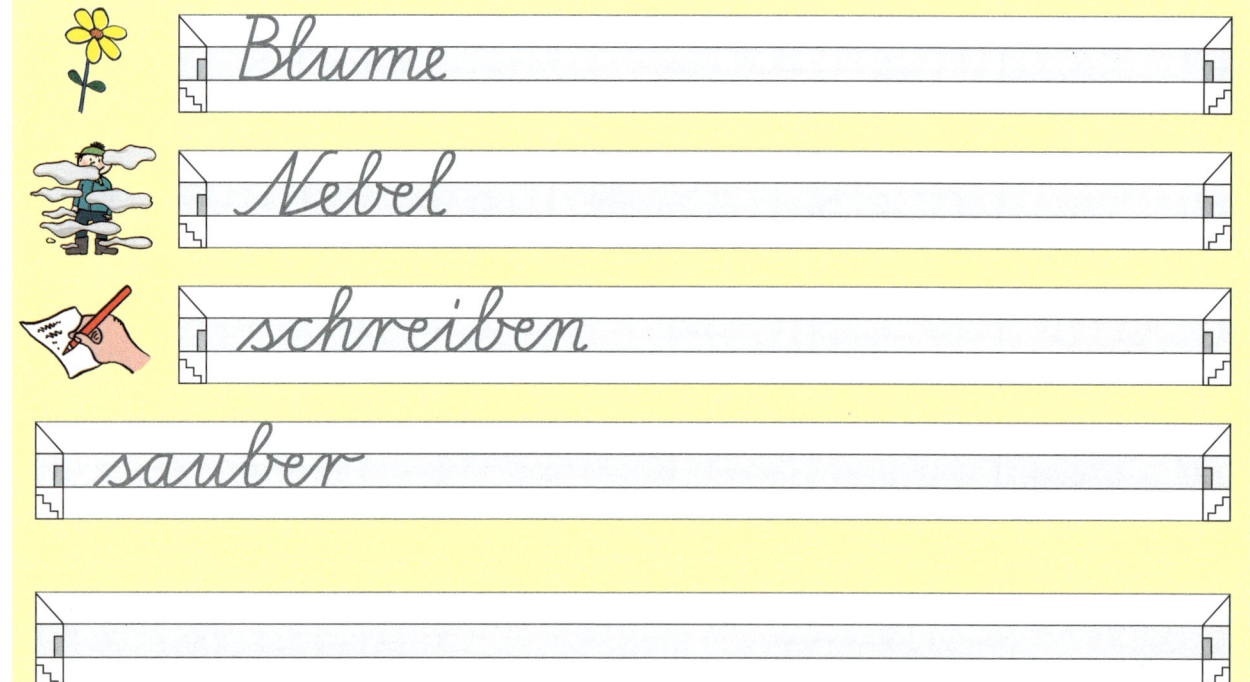

Wörter mit B/b schreiben
Freies schreiben

Fö 119-121

1

X

2

a e i
o u

au e

3

a e i
o u

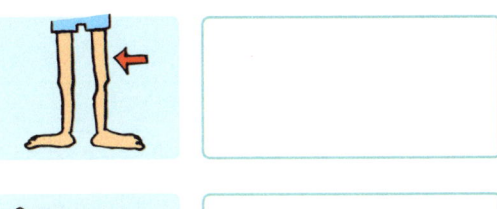 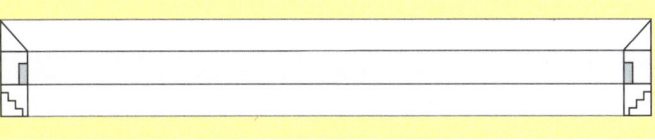

 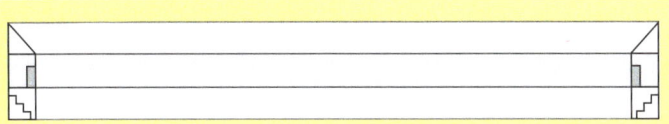

 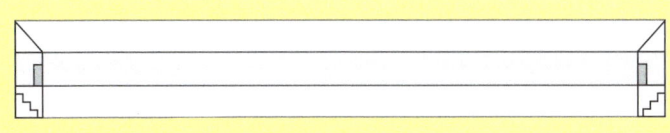

B/b und Silben auditiv analysieren; Bildwörter verschriften

 B/b an richtiger Lautposition eintragen

2 Wörter schreiben

KV 64-65
Fö 126-130
Fo 24-25

114-115   38-41   **73**

B b

1

Britt holt ... blaue Schrauben.

- [⚀] Britt holt ...
- [⚁] Bela hat ...
- [⚂] Bruno bastelt ...
- [⚃] Herr Bulut baut ...
- [⚄] Frau Baumer kauft ...
- [⚅] Ebru findet ...

- [⚀] ... ein Baumhaus.
- [⚁] ... eine Badewanne.
- [⚂] ... ein Boot.
- [⚃] ... blaue Schrauben.
- [⚄] ... ein Bett.
- [⚅] ... eine kleine Robbe.

B/b lesen und schreiben (Sätze)

KV 66-67
Fö 131-134
Fo 26

1

Eine Ameise blau krabbelt hin und her.

Boden Ben badet in der Badewanne.

Annabell kauft Bananen und bauen Birnen.

In meinem Heft lesen kleben bunte Blumen.

2

Der Roboter hat eine braune Antenne.
Seine Arme und Beine sind blau.
Der Roboter hat einen roten Ball
und eine Banane.

Das kann ich jetzt

Datum: _____

✏️ Mein schönster Buchstabe:

✏️ Ich kenne den Groß- und Kleinbuchstaben:

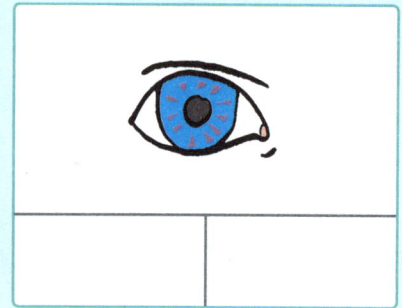  

✏️ Ich kann Silbenbögen zeichnen:

Datum: ______________

Mein schönstes Wort:

Ich kenne Wörter, die mit diesen Buchstaben anfangen:

N P T Sch D au sch w

d h k n K W H r

b Ei R s B Au p ei

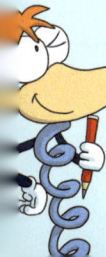

Floras Grundwortschatz

Wörter mit

N n

an
essen
in
die Insel
lesen
malen
der Mann
der Name
die Nase
nun
der Ofen
die Sonne
uns

Wörter mit

W w

wann
was
wo
der Wolf
wollen

R r

er
lernen
rennen
rollen
rufen
der Sommer
unser
warm
warum
das Wasser
werfen
wir

Wörter mit

T t

alt
der Elefant
die Ente
das Fenster
mit
das Nest
nett
rot
die Tafel
der Tee
das Telefon
toll
turnen
der Winter

Wörter mit

Au au

auf
aus
das Auto
die Frau
laufen
laut
die Maus

Wörter mit

P p

die Ampel
der April
der Opa
der Papa
die Pause
die Post
die Puppe
die Raupe

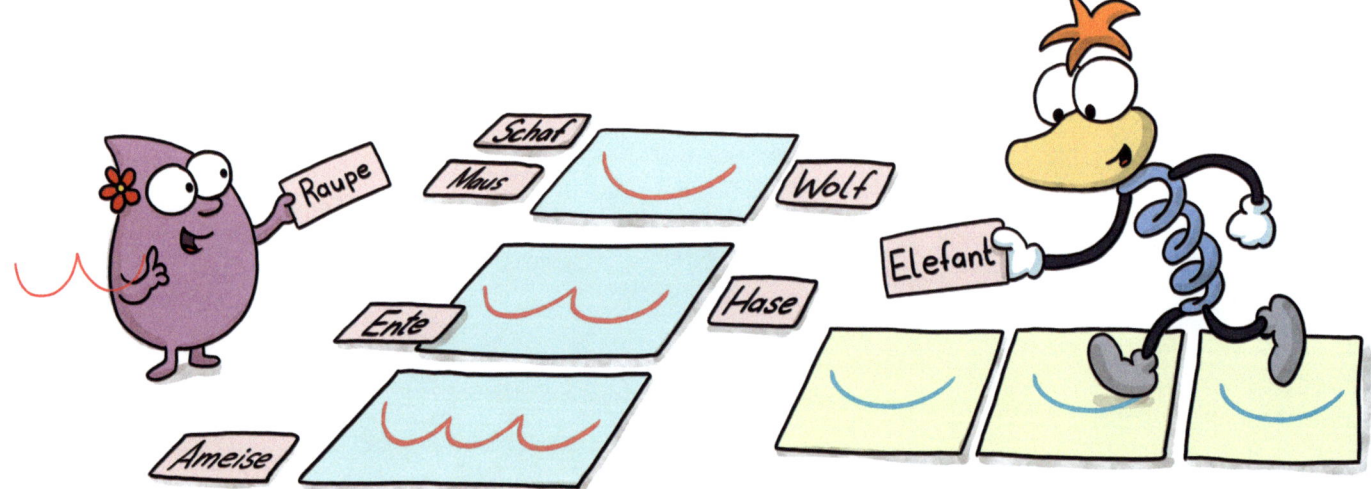

Wörter mit

Ei ei

die Ameise
das Ei
der Eimer
   ein
das Eis
   leise
   mein
   nein
die Reise
   reiten
die Seife
   sein

Wörter mit

D d

   da
   dann
   das
   dein
   der
die Dose
   drei
   du
das Ende
die Erde
die Feder
   finden
   melden
die Nadel
   oder
   und

Wörter mit

Sch sch

der Fisch
die Flasche
das Schaf
die Schere
das Schiff
   schlafen
   schlau
   schneien
   schnell
   schon
die Schule
der Tisch

Wörter mit

K k

der Kalender
die Karte
der Kater
   kaufen
   kein
der Keks
das Kind
die Kirsche
die Klasse
   klein
   kommen
der Kreis
die Wolke

Wörter mit

H h

die Haare
der Hals
die Hand
der Hase
das Haus
das Heft
   helfen
   hell
der Himmel
   hinter
   holen
die Hose
der Hund
das Nashorn
   sehen
der Uhu

Wörter mit

B b

   aber
   baden
der Ball
die Banane
   bauen
der Baum
   bei
das Bein
die Birne
   blau
die Blume
das Boot
   braun
   bunt
   haben
der Herbst
   kleben
der Nebel
   ob
   sauber
   schreiben

Toll, du hast Heft 2 geschafft!
Weiter geht es mit Heft 3.

© 2024 Westermann Bildungsmedien Verlag GmbH, Georg-Westermann-Allee 66, 38104 Braunschweig
www.westermann.de

Druck A[1] / Jahr 2024
Alle Drucke der Serie A sind im Unterricht parallel verwendbar.

Redaktion: Cora Lange, Katrin Teschner, Anna-Lena Knobloch
Illustrationen: Anke am Berg, Bernau bei Berlin; Antje Hagemann, Berlin; Karoline Kehr, Hamburg; Visuelle Lebensfreude, Hannover; Illustration Lautgebärden: Gisela Fuhrmann, Hannover; Illustration Antolin-Rabe: Iris Blanck, Hamburg
Buchstabenfotos: kyas photography, Hannover
Umschlaggestaltung: Jennifer Kirchhof, Braunschweig, unter Verwendung eines Schriftzugs von Gingco, Braunschweig, und einer Illustration von Karoline Kehr, Hamburg
Layout: Visuelle Lebensfreude, Hannover
Druck und Bindung: Westermann Druck GmbH, Georg-Westermann-Allee 66, 38104 Braunschweig

ISBN 978-3-14-127124-9